GEORGES CORNIL

PROFESSEUR A L'UNIVERSITÉ DE BRUXELLES
MEMBRE DE L'ACADÉMIE ROYALE DE BELGIQUE

ANCIEN DROIT ROMAIN

LE PROBLÈME DES ORIGINES

> Si nous voulons plus avant philosopher avec Platon, nous cognoistrons que les mœurs, qui ont précédé toutes loix et coustumes, ont aussi bien introduict et estably les loix écrites que les coustumes.
>
> LOUIS LE CARON (*Charondas*).

BRUXELLES
Librairie des Sciences juridiques
Albert VANDEVELD, éditeur
22, avenue de la Brabançonne

PARIS
Librairie du Recueil Sirey
Société anonyme
22, rue Soufflot

1930

ANCIEN DROIT ROMAIN

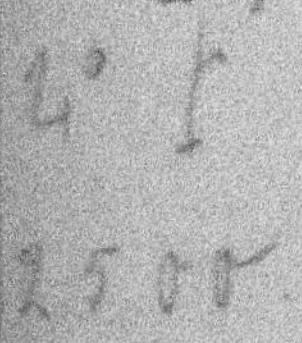

GEORGES CORNIL

PROFESSEUR A L'UNIVERSITÉ DE BRUXELLES
MEMBRE DE L'ACADÉMIE ROYALE DE BELGIQUE

ANCIEN DROIT ROMAIN

LE PROBLÈME DES ORIGINES

> Si nous voulons plus avant philosopher avec Platon, nous cognoistrons que les mœurs, qui ont précédé toutes loix et coustumes, ont aussi bien introduict et estably les loix écrites que les coustumes.
>
> Louis Le Caron (*Charondas*).

BRUXELLES
Librairie des Sciences juridiques
Albert VANDEVELD, éditeur
12, avenue de la Brabançonne

PARIS
Librairie du Recueil Sirey
Société anonyme
22, rue Soufflot

1930

EN TÉMOIGNAGE DE RECONNAISSANCE,
JE DÉDIE CE LIVRE
A
MES ÉLÈVES
QUI
SOIT PAR LEURS CURIOSITÉS
SOIT MÊME PAR LEUR COMPRÉHENSION MALAISÉE
ONT ÉTÉ
LE PLUS PUISSANT STIMULANT
DE
MON ACTIVITÉ

EXPLICATION DES ABRÉVIATIONS

BGB : Bürgerliches Gesetzbuch (Code civil allemand promulgué le 18 août 1896, entré en vigueur le 1er janvier 1900. Traduit et annoté par le Comité de Législation étrangère, 4 volumes, Paris, 1904-1914).

BIDR : Bulletino dell'Istituto di Diritto Romano, Roma, dep. 1889.

BONFANTE, *Hist.* : Pietro Bonfante, Histoire du droit romain, trad. par Jean Carrère et François Fournier, 2 volumes, Paris, 1928.

BRUNS, *Fontes* : Fontes iuris romani antiqui, éditées par C.-G. Bruns, rééditées par Otto Gradenwitz, 2 volumes, Tübingen.

COS : Code suisse des obligations du 30 mars 1911.

Festschr.f.Bekker : Aus römischem und bürgerlichem Recht. Ernst Immanuel Bekker zum 16. August 1907 überreicht, Weimar, 1908.

GIRARD : Paul-Frédéric Girard, Manuel élémentaire de droit romain, 8me éd. revue et mise à jour par Félix Senn, Paris, 1929.

GIRARD, *Text.* : Paul-Frédéric Girard, Textes de droit romain, publiés et annotés, 5me édition, Paris, 1923.

HUVELIN, *Dr. comm.* : Paul Huvelin, Etudes d'histoire du Droit commercial romain (Histoire externe, Droit maritime). Ouvrage publié après la mort de l'auteur, par Henri Lévy-Bruhl, Paris, 1929.

HUVELIN-MONIER : Paul Huvelin, Cours élémentaire de Droit romain, publié par les soins de Raymond Monier, 2 volumes, Paris, 1927-1929.

JHERING, *Espr. Dr. rom.* : R. von Jhering, L'esprit du droit romain dans les diverses phases de son développement, trad. par O. de Meulenaere, 3me éd., Paris, 1886, 4 volumes.

Mél. Appleton : Mélanges Charles Appleton, Lyon, 1903.

Mél. Cornil : Mélanges de droit romain, dédiés à Georges Cornil, 2 volumes, Paris et Gand, 1926.

Mél. Fournier : Mélanges Paul Fournier, Paris, 1929.

Mél. Girard : Mélanges P.-F. Girard, 2 volumes, Paris, 1912.

MITTEIS, *RP.* : Ludwig Mitteis, Römisches Privatrecht bis auf die Zeit Diokletians. Erster Band : Grundbegriffe und Lehre von den Juristischen Personen, Leipzig, 1908.

MOMMSEN, *Dr. publ.* : Théodore Mommsen, Le droit public romain, trad. par P.-F. Girard, 7 volumes, Paris, 1889-1896.

NRHD. : Nouvelle Revue historique de droit français et étranger, Paris, 1877-1921.

PACCHIONI, *Obl. rom.* : Giovanni Pacchioni, Concetto e origini dell'obligatio romana, Torino, 1912.

RGD. : Revue générale du Droit, de la Législation et de la Jurisprudence en France et à l'étranger, Paris, dep. 1876.

RHDF. : Revue historique de Droit français, Paris, dep. 1922.

SOHM-MITTEIS-WENGER : Sohm-Mitteis-Wenger, Institutionen. Geschichte und System des römischen Privatrechts, 17me éd., München-Leipzig, 1923.

Studi Bonfante : Studi in onore di P. Bonfante, 4 volumes, Pavia, 1929-1930.

TVR. : Tijdschrift voor Rechtsgeschiedenis (Revue d'histoire du Droit), Haarlem, dep. 1918-1919.

WENGER, *Zivilprozess.* : Leopold Wenger, Institutionen des römischen Zivilprozessrechts, München, 1925.

ZSSt. : Zeitschrift der Savigny-Stiftung für Rechtsgeschichte (romanistische Abteilung), Weimar, dep. 1880.

PRÉFACE

Lorsque, quelques années après la publication d'un livre, les circonstances mettent l'auteur aux prises avec le problème de l'opportunité de la publication d'une édition nouvelle, il est rare qu'une résistance sérieuse soit opposée à la pression des faits : si la première édition fut opportune, dit-on généralement, la seconde le sera *à fortiori*.

Voici pourtant un auteur hésitant et raisonneur, qui a le souci de ne pas subir aveuglément une pression purement apparente, et qui n'aborde donc la préparation d'une édition nouvelle qu'après avoir scruté impartialement l'opportunité de celle-ci.

Ceci est mon cas ; et le résultat de mes réflexions a été une capitulation partielle. J'ai pensé que s'il fut opportun de tracer en 1921, à l'usage de la jeunesse des écoles, un aperçu sommaire du développement historique du droit romain (*Droit romain : Aperçu historique sommaire, ad usum cupidae legum iuventutis*, in-8 de X-746 pp., Bruxelles, 1921), il serait peut-être superflu de refaire tout ce travail aujourd'hui.

Assurément l'aperçu sommaire composé en 1930 serait fort différent de celui de 1921, et le rapprochement de deux exposés, séparés par un intervalle de neuf ans à peine, serait de nature à dessiller les yeux aux philistins, qui ont peine à croire au rythme accéléré de l'histoire des institutions. Mais ceci serait, en somme, un résultat assez insignifiant. Et mieux vaut s'inspirer de la judicieuse réflexion émise par Portalis dans le fameux Discours préliminaire du projet de Code civil :

« Il est des temps où l'on est condamné à l'ignorance, parce qu'on manque de livres ; il en est d'autres où il est difficile de s'instruire, parce qu'on en a trop. »

Aujourd'hui, la pléthore de livres nous guette. Abstenons-nous donc de publications superflues.

Néanmoins il m'a paru opportun de livrer à la publicité, sous une forme nouvelle, le fruit de mes réflexions sur les origines des institutions juridiques romaines. Tel est l'objet de ce livre. Mais je me suis gardé d'aller plus loin et de poursuivre, dans la période classique et dans la période byzantine, l'exposé du régime juridique romain ; car il existe actuellement de nombreux et excellents manuels d'enseignement, consacrés à une analyse très poussée du droit classique et du droit de Justinien

En voici un relevé très incomplet, qui suffit pourtant à faire entrevoir l'intensité de la production didactique des professeurs de droit romain.

En langue française, deux Traités d'importance capitale fournissent, en même temps qu'une exposition d'ensemble, des références qui sont un point de départ sûr pour les recherches bibliographiques sur tel ou tel problème spécial : Paul-Frédéric Girard, *Manuel élémentaire de Droit romain*, 8me éd., par Félix Senn, Paris, Rousseau, 1929 ; Édouard Cuq, *Manuel des Institutions juridiques des Romains*, 2me éd., Paris, Plon, 1928.

A côté de ces deux Traités, des manuels plus sommaires donnent d'excellents raccourcis d'ensemble : Paul Huvelin, *Cours élémentaire de Droit romain*, publié par Raymond Monier, Paris, Sirey, 1927-1929 ; Perrot-Senn, *Précis élémentaire de Droit romain*, Paris, Sirey, 1926-1927 ; Collinet-Giffard, *Précis de Droit romain*, Paris, Dalloz, 1929-1930.

Enfin, il convient d'ajouter ici le livre de J. Declareuil, *Rome et l'organisation du Droit*, Paris, 1924 ; et peut-être n'est-il pas inutile de rappeler un livre ancien, resté très utile : ALPHONSE RIVIER, *Introduction historique au Droit romain*, 2me édition, Bruxelles, 1881.

En Allemagne, les Traités de droit romain ont définitivement dépouillé, depuis 1900, le caractère de livres de la doctrine juridique appliquée, sous le nom d'*usus hodiernus pandectarum*, comme droit commun subsidiaire. La disparition des *Lehrbücher des Pandektenrechts* a favorisé une véritable efflorescence de précieux Manuels historiques, dans lesquels le droit romain, arraché à toute influence déformante de la pratique moderne, est replacé dans le milieu ancien, qui l'avait élaboré. Parmi ces excellents Traités de droit romain pur, on remarquera : LUDWIG MITTEIS, *Römisches Privatrecht bis auf die Zeit Diokletians*, Leipzig, 1908 (inachevé) ; RAFAEL TAUBENSCHLAG, *Das römische Recht zur Zeit Diokletian's*, Cracovie, 1922 (Extrait du Bulletin international de l'Académie polonaise des Sciences et des Lettres : Classe d'histoire, années 1919-1920, pp. 141-281); ERNST RABEL, *Grundzüge des römischen Privatrechts*, Leipzig, 1915 (Extrait de Holtzendorff-Kohler, Enziklopädie der Rechtwissenschaft, 7me éd., tome 1er) ; SOHM-MITTEIS-WENGER, *Institutionen : Geschichte und System des römischen Privatrechts*, 17me éd., München, 1923 ; PAUL JÖRS, *Römisches Recht : Geschichte und System des römischen Privatrechts*, Berlin, 1927 ; HEINRICH SIBER, *Römisches Recht in Grundzügen für die Vorlesung* : I. *Römische Rechtsgeschichte* ; II. *Römisches Privatrecht*, Berlin, 1925-1928. On peut ajouter des Précis plus sommaires, tels que ceux de CROME, d'ENDEMANN, de LIST, et aussi le livre conçu selon la méthode synchronique et resté très précieux de ROBERT VON MAYR, *Römische Rechtsgeschichte*, Berlin, 1912-1913 (Sammlung Göschen, nos 577-578, 645-648, 697).

De nombreuses histoires du droit romain ont également été publiées en langue allemande : FRIEDRICH

Schulin, *Lehrbuch der Geschichte des römischen Rechtes*, Stuttgart, 1889 ; Karlowa, *Römische Rechtsgeschichte*, 1885-1902; Voigt, *Römische Rechtsgeschichte*, 1892-1902 ; Bernhard Kuebler, *Geschichte des römischen Rechts*, 1925. Enfin, il faut relever, pour l'histoire des sources : Paul Krueger, *Geschichte dei Quellen und Litteratur des römischen Rechts*, 2me éd., 1912 (trad. fr. par Brissaud, 1894) ; Bruns-Lenel, *Geschichte und Quellen des römischen Rechts*, Leipzig, 1915 (Extrait de Holtzendorff-Kohler, Enzyklopädie der Rechtswissenschaft, 7me éd., tome 1er); Theodor Kipp, *Geschichte der Quellen des römischen Rechts*, 4me éd., Leipzig, 1919. Pour ce qui concerne la procédure civile : Leopold Wenger, *Institutionen des römischen Zivilprozessrechts*, München, 1925.

En langue anglaise, les Manuels d'enseignement du droit romain sont moins nombreux. Il faut mettre hors pair : W. W. Buckland, *A text-book of Roman Law from Augustus to Justinian*, Cambridge, 1921. On y ajoutera : James Muirhead, *Historical Introduction to the private law of Rome* (trad. fr. par G. Bourcart, 1889), 2me éd. rev. par Goudy, 1899 ; 3me éd. rev. par Alex. Grant, 1916; Roby, *Roman private law in the times of Cicero and of the Antonines*, 1902 ; Clark, *History of roman private law*, 1906, 1914, 1919 ; Walton, *Introduction to the roman law*, 1917 ; William A. Hunter, *Introduction to roman law*, 2me éd. rev. par A. F. Murison, 1921 ; Max Radin, *Handbook of roman law*, 1927.

Enfin, en italien il va sans dire qu'il existe un grand nombre d'excellents Cours de droit romain ou Manuels d'Institutes, dont les plus récents sont dus à : Arangio-Ruiz, Betti, Bonfante, Pacchioni, Perozzi. On y joindra les Histoires du Droit romain de : Bonfante (trad. fr. par Carrère et Fournier), Costa et De Francisci.

Une raison particulière d'hésiter à refaire actuellement un tableau du droit classique romain, suivi d'un aperçu d'ensemble du droit de Justinien, se trouve dans la véritable crise que traverse la critique des sources.

Je persiste à croire qu'il convient, au point de vue didactique, de donner successivement une vue d'ensemble du droit classique et du droit de Justinien. Mais la critique des sources, œuvre admirable et féconde, est actuellement poussée avec un zèle parfois déconcertant. On s'en rendra compte en jetant les yeux sur la partie de l'*Index interpolationum* qui vient de paraître (*Index interpolationum, quae in Iustiniani digestis inesse dicuntur*. Ed. a Ludovico Mitteis incohatam ab aliis viris doctis perfectam cur. Ernestus Levy, Ernestus Rabel : T. 1 ad libros digestorum 1-20 pertinens; Suppl. 1 ad libros digestorum 1-12 pertinens, 1929).

A ceci s'ajoute que la recherche des interpolations préjustiniennes se développe étonnamment aussi. On va jusqu'à tirer parti des constitutions de réformes de Justinien, qui font souvent, dans des *praefationes*, une histoire sommaire du régime antérieur : on s'efforce de déterminer avec précision ce qui, dans ces aperçus historiques, relève du droit classique et ce qui relève du droit postclassique antérieur à Justinien (Fritz Schulz, *ZSSt*. 50, 1930, pp 212-248). Au surplus, le problème très délicat de la recherche des interpolations préjustiniennes se complique étrangement par le fait que les critiques se partagent en deux camps qui occupent des positions opposées : pour les uns, les interpolations préjustiniennes seraient l'œuvre de l'enseignement des écoles d'Orient, tandis que, pour les autres, les innovations postclassiques seraient dues à la pratique de l'Occident et particulièrement d'Italie (Paul Collinet, *RHDF*. 1928, pp. 551-583 ; 1929, pp 5-35).

Pour tracer exactement la ligne de démarcation entre le régime classique et le régime byzantin, il faudrait reviser la critique de toutes les propositions d'interpolations qui ont été formulées : travail de Titan !

Heureusement, nous pouvons compter sur le temps pour accomplir son œuvre modératrice et régulatrice. Ainsi il deviendra possible de différencier, avec une sûreté parfaite, le régime classique du régime byzantin. En attendant ces jours heureux, il faut bien que nous nous contentions d'une distinction approximative qui, à mon sens, est tout de même préférable à une confusion.

Quand il sera redevenu possible d'établir une discrimination, que la critique exubérante des sources rend aujourd'hui trop mouvante, le jour sera revenu de présenter, sous la forme stable d'un livre, le tableau du droit classique, suivi du tableau du droit byzantin. Mais en attendant l'accalmie, que le temps apportera fatalement à la tempête actuelle de la critique des sources, mieux vaut travailler dans l'ombre à la stabilisation de la critique et s'abstenir, dans l'entre-temps, de publications d'ensemble dont les cadres manqueraient de fixité.

Uccle, le 15 juillet 1930.

INTRODUCTION

Origine de la réglementation sociale. — Les Pythagoriciens, en employant le mot κόσμος (ordre), pour désigner l'univers, affirmaient par là que l'univers se conçoit comme un ordre ou état d'équilibre d'éléments divers.

Pour ce qui est de l'équilibre des corps inertes, le génie humain s'enorgueillit aujourd'hui d'avoir découvert la loi qui l'impose : la loi de la gravitation universelle. La nature propre aux corps inertes interdit à ceux-ci toute réaction contre la loi de la gravitation; de sorte que la moindre déviation observée ici attesterait en vérité que ladite loi serait imparfaitement formulée. N'est-ce pas sur la base de pareilles observations que l'école relativiste propose aujourd'hui quelques retouches à la formule de Newton?

La nature propre aux êtres animés est fort différente. Il semble qu'elle laisse toujours à ceux-ci la possibilité de se soustraire à une loi d'équilibre, qu'on tenterait d'imposer à leur activité. Pour qu'il puisse en être autrement, il faudrait concevoir les activités propres aux êtres animés, livrées à un déterminisme aussi irréductible que celui qui donne une impulsion à la matière inerte.

En ce qui concerne l'activité des animaux, nous admettons volontiers qu'elle obéit aux impulsions d'une loi naturelle, qui se révèle en un instinct aussi irréfléchi et aussi immuable que les impulsions données à la matière inerte par la loi de la gravitation.

Quant à l'activité des hommes, elle est commandée par des idées et des sentiments, elle est réfléchie. Par là elle échappe au déterminisme absolu que tenterait de lui imposer une loi aussi inéluctable que la loi de la gravitation. Ceci ne signifie pas que les activités humaines, qui s'affrontent dans une collectivité sociale, s'y développeraient anarchiquement. Il est au contraire parfaitement possible, en les observant méthodiquement, de découvrir entre elles des « rapports nécessaires qui dérivent de la nature des choses », pour parler comme Montesquieu. Seulement entre des activités réfléchies, les rapports nécessaires se découvrent plus malaisément, parce que, dans le monde de la pensée, les déviations individuelles ou singularisations sont toujours possibles. Tandis que les rapports nécessaires, qui dérivent de la nature des choses inertes, ne peuvent laisser place à l'idée d'un écart ou d'une déviation; par contre, les rapports nécessaires qui dérivent de la nature d'activités réfléchies, n'excluent nullement les écarts et se bornent à faire apparaître ceux-ci comme des singularités pernicieuses. En d'autres termes, la loi sociale n'existe pas moins que la loi physique; mais à la différence de la loi physique, dont la transgression par la nature inerte ne se conçoit pas, la loi sociale a à se défendre contre les transgressions toujours possibles.

L'observation de la vie en société nous révèle la nécessité de certains rapports constants entre les activités individuelles, pour maintenir entre celles-ci l'équilibre, c'est-à-dire l'ordre. Ainsi apparaît que, dans toute collectivité sociale, l'ordre réside en un certain rythme, auquel obéit le développement des activités particulières. Nous disons que ce rythme nous est imposé par la loi sociale, et nous donnons à cette loi sociale l'aspect d'une réglementation de notre conduite.

Cependant la conception d'une loi sociale *formulée* est déjà le fruit d'un très lent travail d'abstraction, dont le point de départ peut être caractérisé ainsi : Nous commençons par conformer instinctivement notre activité à un rythme traditionnel, sans avoir conscience que nous obéissons à une loi. Puis notre observation et notre expérience se développent : ce qui revient à dire que nous prenons peu à peu conscience de la valeur des précédents auxquels nous conformons notre conduite. Nous apercevons alors, dans le développement de notre activité, certains rapports nécessaires; c'est-à-dire qu'il se forme dans notre conscience, sur la base des données indicatives de l'observation et de l'expérience, un ensemble de règles d'action ou impératifs : impératifs religieux, moraux et juridiques, qui constituent ensemble la loi sociale.

Religion, morale, droit. — Les impératifs religieux sont dictés à notre conscience par le sentiment de notre dépendance (*religio* de *religare*) de forces supérieures et mystérieuses, désignées sous le nom de divinité. Ils fournissent la réglementation des rapports que crée entre les hommes la dépendance de ceux-ci au regard de la puissance inconnue de la divinité. Les impératifs religieux, inspirés généralement par la crainte des dieux, sont irraisonnés : ils sont révélés à la conscience. On pense communément qu'ils ont suffi au début à maintenir l'équilibre de la vie sociale.

Dans la mesure où les hommes prennent conscience des devoirs réciproques que leur impose leur interdépendance, il se forme et se développe, à côté des préceptes religieux révélés, des préceptes raisonnés, dictés à la conscience par les intérêts et les aspirations terrestres des hommes. Ceci sont les préceptes de la morale et du droit.

Les impératifs de la morale et du droit deviennent des impératifs *positifs* quand ils ont pénétré dans la conscience de la généralité et qu'ainsi leur observation est voulue par la masse : rien ne peut mieux que l'assentiment général assurer le respect d'un impératif accueilli par notre conscience. On réunit généralement sous le nom de sanction l'ensemble des facteurs qui contribuent à soutenir une règle de conduite, c'est-à-dire à en assurer le mieux l'observation. Et il n'est pas permis d'ignorer que les facteurs qui agissent le plus puissamment pour assurer le respect d'une règle de conduite, ce sont les facteurs internes ou psychiques. Car même lorsqu'une contrainte physique est organisée pour le cas de transgression d'un impératif positif, la mise en œuvre de la force publique n'est prévue que comme *ultima ratio*; et ce qui assure plus solidement ici le respect de la règle, c'est avant tout l'état d'âme créé par la menace des voies de fait de l'autorité. Qui ne sait par expérience que la menace de voies de fait a une puissance qui ne s'émousse que trop souvent quand il faut passer à la réalisation des brutalites?

L'assentiment général caractérise les impératifs *positifs* et les distingue des impératifs purement *idéaux*, ceux-ci n'étant accueillis que par quelques consciences isolées. La transgression de ces derniers impératifs ne soulèvera donc pas une réprobation générale : elle sera réprouvée seulement par quelques consciences isolées, et ainsi elle fera naître aussi des remords dans la conscience de l'auteur de la trangression, s'il était lui-même de ceux qui accueillaient l'impératif transgressé.

Par contre, la transgression des impératifs positifs, parce que ceux-ci ont pénétré dans la généralité des consciences, soulèvera une réprobation générale. Cette réprobation générale ne s'exprimera pas toujours en des voies de fait. Souvent cependant il faudra craindre des réactions violentes soit de la masse, soit d'un particulier ou d'un groupe plus directement atteints par la transgression d'un impératif positif. Des réactions violentes sont à craindre, non pas quand la réprobation est la plus générale et la plus vive, mais surtout quand la transgression d'un impératif positif menace directement la sécurité ou les intérêts matériels soit de la masse, soit d'individus isolés ou groupés. Cette constatation de fait n'a pas échappé à la clairvoyance de Pascal : « On ne doute pas — observe-t-il à regret — qu'il ne faille exposer sa vie pour défendre le bien public, et plusieurs le font; mais pour la religion, point. »

Toutes les fois que des réactions violentes sont à craindre, les pouvoirs publics, par ce qu'ils ont la mission de maintenir l'ordre public, ont le devoir d'intervenir.

Longtemps leur intervention est restée purement modératrice; car l'autorité se gardait bien d'interdire des réactions, même violentes, qui n'étaient que l'explosion du sentiment général; elle se contentait d'endiguer des voies de fait qui, si elles étaient désordonnées, mettraient en péril la paix publique. Très lentement la notion de l'ordre public s'affinera au point de ne plus tolérer aucune voie de fait privée : toute réaction violente de particuliers ou de groupes étant alors considérée comme subversive en elle-même, l'autorité l'éliminera en principe, pour y substituer les réactions violentes organisées de la force publique.

Il n'est peut-être pas superflu de remarquer que l'évolution, qui substitue les voies de fait publiques licites aux voies de fait privées toujours illicites, n'est pas encore pleinement accomplie aujourd'hui, et ne le sera peut-être jamais. Car notre notion moderne de l'ordre public tolère encore des voies de fait privées, sous la forme de la légitime défense, et les codes les plus récents tendent à élargir sensiblement les applications de la défense privée (*BGB.*, §§ 227-231; *COS* art. 52 : « Celui qui recourt à la force pour protéger ses droits ne doit aucune réparation si, d'après les circonstances, l'intervention de l'autorité ne pourrait être obtenue en temps utile et s'il n'existait pas d'autre moyen d'empêcher que ces droits ne fussent perdus ou que l'exercice n'en fût rendu beaucoup plus difficile. »)

Historiquement la contrainte physique de la force publique n'a pas fait son apparition sous l'aspect d'un renforcement des sanctions d'un impératif positif. Il est arrivé, à la longue, que les pouvoirs publics n'ont plus toléré que les réactions privées, provoquées par la transgression d'impératifs positifs, allassent jusqu'aux voies de fait : dès que ces réactions aboutissent à la violence, l'exercice de celle-ci devient le monopole de la force publique, sauf dans les cas de légitime défense. L'organisation d'une force publique toute-puissante, à substituer à d'imminentes voies de fait privées, constitue une menace qui suffira la plupart du temps à prévenir la transgression d'impératifs positifs de nature à provoquer des réactions violentes.

Lorsqu'un concours de la force publique — si limité soit-il — est prévu, moins pour châtier la transgression d'un impératif positif, que pour assurer le maintien de l'ordre public, menacé par la dite transgression, ceci est aujourd'hui l'indice que l'impératif positif relève du droit.

Harmonie de la morale et du droit. — La morale et le droit ne peuvent se contredire; car les impératifs juridiques chevauchent en réalité les impératifs moraux : en effet, quand le souci de la sécurité et la tranquillité publiques provoque l'intervention éventuelle de l'autorité en cas de transgression d'un impératif positif, il apparaît que cet impératif est juridique, sans cesser pour cela d'être moral.

L'intervention de la force publique est organisée, soit lorsqu'une transgression isolée d'un impératif suffit à faire craindre des réactions de nature à troubler la paix publique, soit lorsque les transgressions répétées d'un impératif créent par leur fréquence un état d'insécurité qui altère l'ordre public. Dans ce dernier cas, c'est-à-dire quand l'autorité n'intervient que par crainte de voir se multiplier les transgressions d'un même impératif positif, l'empreinte juridique donnée ainsi à cet impératif n'est pas précisément l'indice d'un relèvement des mœurs; car l'impuissance des mœurs à enrayer des transgressions, qui tendent à devenir habituelles, est clairement démontrée du moment où la menace d'une contrainte physique devient nécessaire pour couper court à la formation d'habitudes qui compromettraient la sécurité publique. Exemple : si les tempéraments apportés à la puissance du maître sur l'esclave ont pris peu à peu, à Rome, le caractère d'impératifs juridiques, ce fut parce que les mœurs, modifiées par les transformations du milieu social et spécialement par le développement de l'esclavage, étaient devenues impuissantes à enrayer les abus de puissance des maîtres (1).

Comment la concordance des impératifs juridiques avec les impératifs moraux sera-t-elle maintenue, s'il arrive que des règles juridiques mal formulées semblent couvrir de la protection de l'autorité publique la transgression d'impératifs positifs de la morale ? Le redressement se fera pour ainsi dire automatiquement, en ce sens que la formule incorrecte de la règle juridique sera rendue inoffensive par l'autorité publique elle-même : car les pouvoirs publics se refuseront à appliquer un précepte juridique, en tant que celui-ci déborderait manifestement le cadre d'impératifs positifs de la morale. Pareille rectification de règles juridiques mal définies s'est faite de tous temps; mais sa technique est aujourd'hui précisée dans une théorie dite de l'abus des droits, dont on peut relever maints vestiges dans le droit romain. (Gai. 1, 53 : *male enim nostro iure uti non debemus.*)

Le droit international. — L'absence d'organisation d'une force publique internationale ne fait nullement obstacle à l'existence d'un droit international. Il y a, dans la vie internationale, des

(1) Jhering, *Espr. Dr. rom.*, II, pp. 119-127, 161-178; Girard, p. 109.

impératifs positifs dont la transgression soulève une réprobation générale. Quand ces transgressions universellement réprouvées sont de nature à provoquer des réactions violentes, l'impératif positif transgressé relève du droit. Mais il ne faudrait pas croire que les réactions violentes des sujets du droit international échapperaient à toute réglementation. En vérité, le droit international est encore au stade où les réactions violentes spontanées, qui répondent au sentiment général, sont tolérées, pourvu qu'elles n'enfreignent pas des coutumes internationales bien établies : dans cette mesure elles sont utilisées pour assurer le respect des impératifs positifs du droit international. Celui-ci se trouve ainsi à un stade d'évolution, qui correspond au régime de la réglementation de la guerre privée, qu'a connu le droit privé.

Les coutumes du droit international, comme les coutumes du droit interne, n'ont été au début formulées par aucune autorité; et ce qui assure leur observation, c'est l'assentiment général ou le fait que leurs impératifs sont positifs, c'est-à-dire accueillis par la généralité des consciences. Il arrive actuellement que certains Etats consacrent formellement l'existence de règles de conduite internationale, et en pareil cas c'est encore à l'assentiment général que ces règles, édictées par l'autorité, doivent leur plus solide sanction. La preuve que les impératifs de la coutume internationale ont pénétré dans la conscience de la généralité est fournie alors par l'adoption de formules uniformes par les divers Etats. Ceux-ci se concertent même souvent en des Conférences internationales pour obtenir cette uniformité, et l'on peut parler alors d'une codification du droit international. Aujourd'hui l'organe international d'expression des règles du droit international tend à prendre une existence permanente, sous la forme d'une Société des Nations. Bien qu'on n'entrevoie pas encore le moment où celle-ci pourrait disposer d'une force publique internationale, il faut reconnaître qu'elle élargit rapidement et très heureusement la cadre du droit international : elle développe les impératifs positifs de droit international, qu'elle fait pénétrer, en nombre toujours croissant, dans l'universalité des consciences, brisant parfois même certaines résistances par la pression de menaces d'ordre économique.

Dans l'ancienne civilisation romaine les relations internationales n'étaient encore régies que par des préceptes religieux : c'était l'autorité religieuse qui veillait à ce que ces préceptes fussent respectés. Seulement, comme au début (assurément sous les rois et même encore après leur expulsion) l'autorité religieuse et l'autorité civile étaient réunies dans les mêmes mains, la différence n'apparut pas d'emblée entre les règles à l'observation desquelles veillait soit l'autorité religieuse, soit l'autorité civile. Et lorsque la différenciation de ces deux autorités s'est précisée, on s'est avisé de dire qu'il y avait, à côté d'un droit civil ou profane, désigné sous le nom de *ius*, un droit religieux ou sacré, auquel est réservé le nom de *fas* (1).

Si l'on voit dans le *ius* une réglementation d'origine humaine ou *lex humana* et dans le *fas* une réglementation d'origine divine ou *lex divina* (Isidore, *Or.* 5, 2, 2), on peut dire que, à Rome, le droit international appartenait au *fas*, mais qu'aujourd'hui il est devenu *ius*.

Les droits subjectifs et le droit objectif. — Dans toute collectivité sociale il convient que soit délimitée la sphère d'action de chacun sur les personnes et les choses qui l'entourent. Il ne doit pas y avoir égalité absolue des sphères d'action réservées à chacun, puisqu'aussi bien les individus ne sont égaux entre eux ni physiquement ni intellectuellement; mais il doit y avoir une certaine proportionnalité (2). Dans la pensée des anciens, la distribution des biens et des maux entre les hommes est fatale : elle est l'œuvre du *fatum*; en d'autres termes, c'est un donné fourni par les destin, et il faut y voir l'état de parfait équilibre social ou de justice sociale (*id quod semper aequum ac bonum est ius dicitur... naturale*: Paul., *D.* 1, 1, 11).

La répartition fatale des biens et des maux entre les individus se révèle dans le fait des maîtrises exercées effectivement par chacun. Tant que ces maîtrises de fait sont respectées, il y a équilibre; mais dès qu'il est porté atteinte à l'une d'elles, il y a rupture d'équilibre ou injustice : l'acte, qui a ainsi rompu l'équilibre entre les sphères d'action réservées par le *fatum* à chacun, est une injustice; c'est un acte illicite ou maléfice. La victime de pareille injustice réagira pour rétablir l'équilibre rompu à ses dépens; et par là elle prendra effectivement conscience qu'elle a des prétentions à faire prévaloir sur les voies de fait d'autrui. Or les prétentions légitimes, appelées à triompher de prétentions contradictoires d'autrui, c'est le contenu de ce qu'on appelle couramment des droits subjectifs.

Après que le sentiment de l'injustice, rupture d'équilibre à redresser par le procédé du talion, eût conduit à la conception de droits subjectifs, il s'est formé progressivement une réglementation juridique, appelée aujourd'hui le droit objectif, qui s'attache à définir ou délimiter toutes les variétés de droits subjectifs.

---

(1) Sur la distinction du *ius* et du *fas* : Mitteis, *RP.* pp. 22-30.

(2) Consulter sur ces idées empruntées par les jurisconsultes classiques romains aux philosophes grecs : Felix Senn, *De la Justice et du Droit*, Paris, 1927, spécialement pp. 29 ss.

C'est encore sous l'aspect de répertoires de droits subjectifs que se présentent les codes les plus modernes. Et ce système a des racines historiques trop profondes pour qu'il puisse être question de l'extirper. On lui reproche pourtant de mettre trop en relief le caractère individualiste de la réglementation juridique et de laisser trop dans l'ombre son caractère social. Léon Duguit va, on le sait, jusqu'à nier l'existence des droits subjectifs : il propose de remplacer le relevé de nos prétendus droits subjectifs par un tableau de l'ensemble des fonctions sociales, dans lequel toutes nos activités particulières concrètes auraient à s'insérer harmonieusement. L'heure de cette réforme ne semble pas encore avoir sonné; car le code civil de la Russie soviétique, qui a incontestablement frappé la réglementation juridique d'une puissante empreinte socialiste et s'est inspiré fréquemment des idées de Léon Duguit, a conservé lui-même le système traditionnel, qui consacre l'existence de droits subjectifs.

La traduction française du Code civil de la Russie soviétique, qui a paru dans la bibliothèque de l'Institut de Droit comparé de Lyon (1), y est précédée d'une très belle préface où Edouard Lambert montre que les innovations les plus hardies de la nouvelle législation russe se rattachent toutes aux conceptions juridiques traditionnelles : ce sont les anciennes traditions qui poursuivent leur marche; l'allure seule de celle-ci est accélérée. Eclatant hommage rendu à la puissance de la tradition dans le développement du droit.

*

Intérêt de l'histoire du droit. — Si la tradition est une puissance avec laquelle il serait impossible de ne pas compter en droit, il s'ensuit que l'étude de l'histoire du droit s'impose. Toute réglementation juridique étant le fruit de l'expérience du passé, il convient de connaître l'enchaînement du présent au passé, non point assurément pour faire préférer le passé au présent, mais pour faire profiter le présent de la leçon de choses donnée par le passé. L'histoire du droit nous enseigne dans quel sens et dans quelle mesure les divers éléments du milieu social influencent la réglementation juridique; elle nous présente une évolution du droit, faite des réactions constantes du milieu social essentiellement mouvant sur des règles de conduite toujours perfectibles. Embrasser du regard l'évolution dont surgirent nos institutions juridiques modernes, c'est le meilleur moyen de saisir la portée exacte de ces institutions et d'entrevoir leur destinée dans l'avenir.

---

(1) Code d'octobre 1922, entré en vigueur le 1er janvier 1923 (1925); additions et annexes jusqu'au 15 juin 1927 (1929).

Quant à l'étude du droit actuellement en vigueur, elle ne présente qu'un intérêt épisodique. Elle est assurément d'importance primordiale pour le praticien; mais il ne faut pas qu'elle aveugle celui-ci, au point de lui faire croire à l'immobilité du droit. L'étude de l'histoire du droit peut seule prévenir la dangereuse erreur d'un droit immuable et éternel, figé dans l'immobilité de la mort.

Place du droit romain dans l'évolution juridique. — Dans l'étude de l'évolution juridique, le droit romain occupe une place prépondérante, principalement pour les deux raisons suivantes :

1º L'état de nos informations nous permet de suivre l'évolution du droit romain pendant les treize siècles qui séparent la fondation traditionnelle de Rome (753 av. J.-C.) de la mort de l'empereur Justinien (565 apr. J.-C.). Les profondes transformations politiques, économiques et sociales, qui se sont accomplies durant cette longue période, ont provoqué des transformations parallèles du droit, que nous sommes à même de suivre pas à pas. Le tableau de cette évolution juridique de treize siècles constitue pour nous la meilleure des leçons de choses. Cependant, à raison des accroissements incessants et rapides de notre documentation sur les autres droits de l'antiquité, le privilège du droit romain (seul enseigné) deviendra malaisé à justifier. Aussi perçoit-on, dès à présent, une tendance fort louable à substituer à l'étude de l'histoire du droit romain l'histoire plus large du droit de l'antiquité dans le bassin de la Méditerranée (1).

Si une réforme radicale conforme à cette tendance paraît prématurée, on constate pourtant avec satisfaction que l'enseignement de l'histoire du droit romain fait une place de plus en plus large aux influences étrangères (2).

2º Durant les siècles qui nous séparent de la civilisation romaine, le droit romain n'a jamais cessé d'être étudié et même appliqué en Europe. Aussi nos auteurs et nos codes modernes sont-ils profondément imprégnés de droit romain. En conséquence, la connaissance du droit romain, tel que l'interprétaient les rédacteurs de nos codes, est de nature à faciliter la compréhension du droit moderne, dont le droit romain reste toujours la principale source. Bien plus, le perfectionnement des moyens de communication pousse aujourd'hui irrésistiblement les peuples à unifier leur droit privé, surtout dans les parties qui régissent les relations d'affaires, tel

---

(1) En ce sens : L. Wenger, *Der heutige Stand der römischen Rechtswissenschaft*, München, 1927.

(2) F. de Zulueta, dans *Mél. Fournier*, pp. 787-805.

notamment le droit des obligations. Or, pour ce travail d'unification, le ciment le plus solide se trouve encore dans le droit romain (1).

Les périodes de l'histoire du droit romain. — C'est principalement du point de vue historique qu'il convient d'envisager le droit romain. La méthode la moins imparfaite de suivre son évolution est la méthode dite synchronique, qui donne un aperçu d'ensemble des institutions juridiques et de leur agencement, dans des périodes successives.

Il faut remarquer cependant que le procédé commode de la division en périodes est forcément imparfait et quelque peu factice. Car, tandis que l'évolution du droit est continue, c'est-à-dire procède rarement par à-coups ou changements brusques et inattendus, la méthode synchronique se borne à nous faire embrasser successivement du regard des tableaux d'ensemble, qui se différencient sensiblement et constituent seulement les principaux chaînons d'une évolution ininterrompue. En conséquence, il y a lieu de rectifier en pensée les imperfections de la méthode synchronique en se représentant toujours que les points d'intersection des périodes ne sont jamais qu'approximatifs et que les transformations, qui apparaissent nettement tranchées d'une période à l'autre, furent en réalité le fruit d'une constante et lente évolution.

Moyennant les réserves qui précèdent, on peut adopter, pour l'histoire du droit romain, la division en les trois périodes suivantes :

1º Droit national. — Période du droit national romain, *ius Quiritium*. Rome, cité latine, vit sous l'empire des institutions primitives du droit populaire propre aux Romains.

Cette période comprend quatre siècles : elle s'étend de la fondation de Rome, placée traditionnellement au 21 avril 753 av. J.-C. jusque vers 350 av. J.-C.; car après cette dernière date commence l'ère des grandes conquêtes romaines.

Durant cette période, les Romains mènent la vie agricole, éparpillés dans des villages ou dans des fermes isolées. Au début, il n'y a pas encore de ville ni de vie urbaine. Il n'existe d'autre siège de vie commune qu'une enceinte fortifiée, où les citoyens se réfugient en cas de danger et se rencontrent régulièrement tous les neuf jours (*nundinae* = marchés) pour échanger leurs produits agricoles. Ce refuge fortifié fut d'abord la *Roma quadrata*, établie au haut du Palatin : le développement de son mur d'enceinte n'avait qu'en-

(1) Voir par exemple : le projet franco-italien de Code international des Obligations et des Contrats, publié en 1928.

viron 1,800 mètres, et au début de l'empire Tacite en relève encore des traces. Deux siècles après la fondation de Rome, l'enceinte appelée le mur de Servius Tullius entourait le *Septimontium* ou Ville des Sept Monts. Faut-il placer à cette époque le début de la vie urbaine qu'auraient menée d'abord les artisans libres? C'est possible; bien que la légende fasse remonter plus haut, à Numa Pompilius, la création de collèges professionnels, entre lesquels auraient été répartis les artisans de la ville. Quoi qu'il en soit, la population romaine est restée longtemps essentiellement agricole, soumise au régime de l'économie domestique fermée ou économie naturelle et familiale : le groupe de la famille, grâce aux produits de la ferme, se suffisait économiquement à lui-même; aussi les anciennes nomenclatures d'artisans, réunis en corporations, ne mentionnent-elles ni les tisserands, ni les boulangers.

Toutefois, l'économie domestique fermée des anciens Romains n'excluait pas tout commerce international. Les Romains accueillaient chez eux les produits étrangers : la création du port d'Ostie, attribuée par la légende au quatrième roi de Rome, en fait foi. Les étrangers, qui venaient échanger leurs produits fabriqués contre les céréales et le bétail romains, n'arrivaient pas tous des pays d'outre-mer, comme les Phéniciens, qui auraient abordé en Italie dès le XVe siècle avant Jésus-Christ; c'étaient principalement au début les Etrusques et les Grecs des colonies établies en Italie avant la fondation de Rome; et parmi ces dernières, celle qui avait le commerce le plus actif avec Rome était Cumes, située à peu près sur l'emplacement actuel de Naples.

Pour que les étrangers aient la possibilité de venir faire des affaires avec les Romains, il fallait : ou bien que l'étranger se mît individuellement sous la protection d'un citoyen, qui était son hôte et lui devait une aide analogue à celle due par le patron au client; ou bien que l'étranger appartînt à un peuple uni à Rome par un traité d'hospitalité et d'amitié, qui conférait un droit réciproque de marché ou droit de commercer (*commercium*). Peut-être n'est-il pas inutile de remarquer que les anciennes transactions commerciales sous forme d'échanges sont des opérations au comptant; de sorte que, la notion de crédit leur étant encore étrangère, les précautions, destinées à garantir leur bonne fin, n'ont guère d'importance pratique (1).

Vraisemblablement la cité de Rome ne fut d'abord qu'un membre de la confédération latine, placée sous l'hégémonie d'Albe la Longue. Quand le territoire de la cité romaine se fut accru aux dépens

(1) Consulter : HUVELIN, *Dr. comm.*, pp. 1-24.

des cités latines voisines, qu'il eut englobé Albe elle-même et qu'il se fut étendu le long du Tibre jusqu'à l'embouchure, où le port d'Ostie aurait été établi par Ancus Marcius, Rome apparaît comme une cité puissante, détachée de la confédération latine et opposée à celle-ci ; entre la cité romaine et la confédération latine les rapports de droit privé sont régis maintenant par une alliance qui autorise les mariages (*conubium*) et les relations d'affaires (*commercium*). Il en aurait été ainsi, selon la légende, dans le *fœdus cassianum*, ou alliance renouvelée par Spurius Cassius en 493 av. J.-C. entre Rome et la ligue latine.

Malgré ses accroissements, le territoire romain, jusqu'à la fin de notre période, n'eut pas une étendue plus considérable que le territoire d'un canton suisse actuel. Après le sac de Rome par les Gaulois, en 390 av. J.-C., le territoire de la cité romaine était divisé en vingt et une circonscriptions ou tribus locales : quatre tribus urbaines ou quartiers et dix-sept tribus rurales.

2° Droit classique. — La deuxième période est de beaucoup la plus longue et la plus importante : elle s'étend de 350 environ av. J.-C., à 300 environ apr. J.-C. Durant cette période de six siècles et demi, la modeste cité romaine se transforme progressivement en un puissant empire. En 338, le Latium est définitivement conquis et la confédération latine disparaît; en 266, la conquête de l'Italie est achevée; en 120, presque tout le bassin de la Méditerranée est soumis à la domination romaine; enfin, en 115 apr. J.-C., le territoire de l'empire atteint, sous Trajan, ses limites les plus étendues : des bouches de l'Euphrate à l'est, à l'océan Atlantique à l'ouest, et de l'Ecosse au nord, à l'Ethiopie au sud.

Parallèlement au formidable développement de la puissance politique de Rome, s'accomplit une transformation profonde des conditions de la vie sociale. Le droit dut s'adapter aux besoins nouveaux, et ce travail d'adaptation fut l'œuvre raisonnée des pouvoirs publics : le droit romain n'apparaît plus maintenant sous l'aspect d'un droit surgissant principalement de naïves coutumes populaires; c'est désormais un droit élaboré méthodiquement par des fonctionnaires; un droit doctrinal se substitue au droit populaire.

Dans l'évolution, qui a fait du droit national d'une bourgade de paysans latins le droit d'un empire quasi universel, le droit romain s'est dénationalisé au contact des droits étrangers; il a pris le caractère d'un droit universel, en s'assimilant les meilleurs éléments des droits des peuples conquis.

Sans suivre en détail cette évolution, il faut se borner, dans un cours élémentaire, à décrire le droit qui en fut le résultat et qu'on appelle le droit classique romain, bien que notre période de six siècles et demi déborde la période qualifiée communément époque classique; car on réserve généralement le qualificatif de classique à l'époque où le droit romain a atteint son plein épanouissement, c'est-à-dire *sensu lato* les quatre siècles et demi qui s'étendent de 150 av. J.-C. à 300 apr. J.-C., ou *sensu stricto* le siècle des Antonins et des Sévères (96-235).

Si généralement la période du droit national romain est prolongée jusque 150 av. J.-C., c'est qu'en effet entre la deuxième et la troisième guerre punique se place le moment où fut définitivement accomplie la transformation profonde du milieu social romain, par substitution de l'économie monétaire et commerciale à l'ancienne économie familiale et naturelle. Mais ce n'est ni brusquement ni capricieusement que le Romain a cessé de pourvoir par les travaux domestiques à tous les besoins de la famille Ce régime économique n'a été abandonné que sous la pression grandissante des événements consécutifs à l'expansion romaine. Quelques étapes de la transformation sont marquées par d'importantes innovations bien connues, telle, par exemple, la réforme monétaire de 269 av. J.-C., qui créa le *denarius*, unité monétaire d'argent, désormais commune à toute l'Italie, les monnaies locales n'étant plus tolérées que pour l'appoint (1).

Quand on se propose d'arrêter la période du droit national avant le déclanchement du mouvement de transformation, il faut la faire cesser trois siècles av. J.-C. Quand, par contre, on entend la prolonger jusqu'à la transformation définitivement accomplie, elle ne doit finir qu'un siècle et demi av. J.-C.

Ces deux méthodes témoignent également toutes deux de la part fort approximative de vérité que recèle forcément toute distinction de périodes dans l'histoire des institutions. Aussi conviendrait-il, pour serrer la réalité de plus près, d'intercaler entre la période du droit national (arrêtée en 350 av. J.-C.) et la période du droit classique (commençant en 150 av. J.-C.) une période de transition de deux siècles, au cours de laquelle pourrait être suivi le travail de transformation progressive des institutions juridiques sous l'impulsion du mouvement des idées et des faits.

Cependant il faut craindre que la multiplicité des périodes nuise à la clarté et à la continuité d'un aperçu élémentaire. Celui-ci serait assurément alourdi par l'insertion d'une période de transition du droit national au droit classique. Entre deux maux il faut se résigner à choisir le moindre, qui est, à notre sens d'envisager en bloc une période classique hypertrophiée (de six siècles et demi) et

---

(1) Huvelin, *Dr. comm.*, p. 24.

d'y analyser ce qu'on est convenu d'appeler le droit classique, en s'efforçant toutefois de donner, le plus souvent possible, un aperçu de l'évolution qui rattache ce droit à l'ancien droit propre à la vieille cité romaine.

3° Droit byzantin. — La dernière période ne comprend que deux siècles et demi : de l'avènement de Constantin à la mort de Justinien (305 à 565). C'est la période du Bas-Empire. Son début marque un temps d'arrêt dans le développement scientifique du droit romain : il n'y a plus alors que de purs praticiens et des compilateurs obscurs. Le centre de l'empire se déplace vers l'Orient chrétien ; aussi les principales transformations du droit romain sont-elles dues désormais à l'influence du christianisme et de l'hellénisme.

Le couronnement de cette période fut le travail de coordination des règles de droit, accompli sous Justinien et désigné depuis le moyen âge sous le nom de *corpus iuris civilis*. Comme c'est dans cette compilation de Justinien que les codes modernes ont puisé les règles empruntées au droit romain, l'étude du *corpus iuris civilis* conserve une utilité pratique considérable.

LE
DROIT NATIONAL ROMAIN

IUS QUIRITIUM

750 à 350 avant J.-C.

LIVRE PREMIER
L'organisation politique et les sources du droit

CHAPITRE PREMIER
L'ORGANISATION POLITIQUE

Gentes, curies, tribus. — On place généralement à la base de l'organisation de la cité romaine, la *gens* : la cité aurait commencé par être une fédération de *gentes*.

La *gens* était un groupe familial très large. Elle englobait tous ceux qui étaient issus d'une même souche mâle, ainsi que les femmes que le mariage faisait entrer dans le groupe quand l'exogamie était pratiquée. La communauté d'origine des *gentiles* se révélait dans le *nomen gentilicium*, qui était le nom du plus ancien chef (ancêtre éponyme) du groupe gentilice.

La cohésion fort étroite de l'ancien groupe gentilice est presque effacée à l'époque historique. Les traces de cette cohésion qui se sont conservées le plus longtemps sont : les fêtes religieuses célébrées en commun, les sépultures communes, et surtout les droits successoraux et de tutelle des *gentiles*.

Des unions soit temporaires, soit permanentes se formaient entre *gentes*, pour la défense commune contre les dangers extérieurs. La fondation de Rome, placée par la légende au milieu du VIIIe siècle avant Jésus-Christ, correspondrait à la constitution d'une fédération permanente de *gentes* établies sur la rive gauche du Tibre.

Les *gentes*, fédérées dans la cité romaine, sont réparties légendairement entre trois tribus, dites génétiques, parce qu'on les croit différenciées par leur origine ethnique : *Ramnes, Tities, Luceres*. Et l'on se plaît à émettre sur la race et le lieu d'établissement de chacune de ces tribus, des conjectures singulièrement fragiles. On a cru, par exemple, que les *Ramnes* auraient été des Latins établis sur le Palatin, les *Tities* des Sabins fixés sur l'Esquilin et les *Luceres*, des Etrusques établis sur le Célius.

Chacune des trois tribus, dites génétiques, aurait réuni exactement cent *gentes*; de sorte que la cité aurait été une fédération de trois cents *gentes*.

Entre les trois tribus et les trois cents *gentes* se place une subdivision appelée la curie : chaque tribu aurait compris dix curies de dix *gentes* chacune; de sorte qu'il y aurait eu, dans la cité, un nombre total de trente curies. Cette dernière division de la cité est généralement considérée comme un facteur d'organisation administrative et religieuse qui n'apparaît qu'après la formation de la cité par la fédération des *gentes* : c'est seulement quand les *gentes* sont fédérées en une cité qu'on s'avise de les grouper en curies, comparables aux paroisses du moyen âge. Alors l'assemblée du peuple est réunie par curies : chaque citoyen émet un vote dans sa curie; le résultat du vote est calculé séparément dans chaque curie, et l'opinion émise par les citoyens d'une curie constitue l'une des trente voix de l'assemblée populaire.

Cependant l'opinion courante, qui prend la *gens* pour l'assise fondamentale de la cité romaine primitive, est aujourd'hui attaquée vivement, mais sans grand écho, par M. le professeur Sinaïski (*La Cité quiritaire*, Riga, 1923), qui prétend substituer à la *gens* la curie : la cité aurait été au début une fédération de curies, gouvernée par le *curio maximus*.

Les ordres : patriciens et plébéiens. — Il y eut de bonne heure, à côté des *gentes patriciae*, des *gentes plebeiae*. Le caractère originaire de la distinction des deux ordres (patriciens et plébéiens) au sein du peuple romain n'a pas encore été éclairci de façon satisfaisante par la critique historique.

La distinction des deux ordres tirerait son origine, dit-on, d'une différence ethnique : le patriciens seraient les citoyens du peuple conquérant, tandis que les plébéiens seraient les nationaux de peuplades soumises et absorbées par la cité romaine; mais l'accord ne s'est pas fait sur le point de savoir quelle fut la race des conquérants : faut-il croire que ceux-ci furent les Sabins ou qu'ils furent les Etrusques, tandis que les plébéiens auraient été les Latins? Selon d'autres, la distinction des patriciens et des plébéiens serait plutôt d'ordre économique : les patriciens auraient été originairement les propriétaires fonciers, tandis que les plébéiens auraient été la masse des paysans et des artisans. Ces deux conjectures ne s'excluent peut-être pas, et il est possible que, originairement, l'opposition d'ordre national et l'opposition d'ordre économique se soient couvertes. M. le professeur Binder (*Die Plebs*, 1909) repousse pourtant toute origine économique ou sociale de la distinction des deux ordres. Pour lui, elle serait due uniquement aux conditions politiques de formation de la cité romaine, issue de la réunion de deux cités : la latine du Palatin et la sabine du Quirinal. Dans la cité unique, constituée par cette réunion, l'élément sabin acquit la prééminence et devint l'ordre fermé du patriciat ; quant à la plèbe, elle se constitua fondamentalement de l'élément latin, auquel s'adjoignirent dans la suite tous les éléments étrangers qui, établis à demeure dans la cité, avaient pû parvenir à la *civitas*.

La lutte séculaire entre les deux ordres obéit à deux tendances, qui semblent contradictoires : 1° une tendance séparatiste, qui se révèle par la légende des sécessions de la plèbe et poursuit l'organisation d'une plèbe autonome, gouvernée par les tribuns ; et 2° une tendance unitaire, qui poursuit l'égalité des deux ordres et leur fusion dans une organisation unifiée. C'est cette dernière tendance qui a fini par triompher.

Pour ce qui est des droits politiques, il est donc invraisemblable que les *gentes* plébéiennes eussent pu, dès le début, faire partie des curies, aux côtés des *gentes* patriciennes. Et quand l'accès des comices curiates fut ouvert aux *gentes plebeiae*, l'action de celles-ci fut singulièrement tenue en lisière par maintes prérogatives patriciennes : le droit de convoquer les comices curiates et de formuler des propositions appartenait exclusivement aux magistrats patriciens ; les résolutions des comices devaient recevoir l'assentiment du sénat patricien (*patrum auctoritas*) ; l'interprétation des signes divins par les augures patriciens pouvait même couper court d'avance à toute résolution. On sait que, dans les variétés plus récentes de comices, les plébéiens se confondaient avec les patriciens ; mais l'infériorité politique des plébéiens restait sensible dans leur exclusion du *ius honorum*. C'est lentement et péniblement que les plébéiens obtinrent l'accès aux diverses magistratures et dignités sacerdotales. L'égalité politique des deux ordres ne fut entièrement réalisée que deux siècles et demi avant Jésus-Christ (Tiberius Coruncanius, premier *pontifex maximus* plébéien, en 252 av. J.-C.).

Au point de vue du droit civil, l'infériorité des plébéiens disparut plus rapidement. Elle résidait principalement dans la privation du *ius conubii* ; car le *ius commercii*, ou droit de faire des affaires sous la forme et les sanctions des règles romaines, les plébéiens pouvaient difficilement en être privés, du moment où ils appartenaient à la cité. Quant au *conubium*, c'est-à-dire la capacité de contracter avec un patricien un *iustum matrimonium* ou union conjugale produisant les effets civils du mariage romain, il ne fut accordé aux plébéiens que par le plébiscite Canuléien (445 av. J.-C.), qui établit ainsi l'égalité civile des deux ordres.

La clientèle. — Parmi les plébéiens il y avait une catégorie de personnes, les clients, qui se caractérisaient par leur état de dépendance.

Les modes de recrutement de la clientèle étaient les suivants : 1° l'*applicatio*, c'est-à-dire l'acte par lequel un ressortissant d'une cité alliée ou amie, en se fixant à demeure à Rome, se mettait volontairement sous l'égide d'un *paterfamilias* romain; 2° l'affranchissement, qui plaçait le nouveau citoyen sous le patronat de son ancien maître; 3° enfin la naissance; car il est vraisemblable que l'enfant né d'une mère romaine hors *iustum matrimonium* tombait dans la clientèle de la *gens* maternelle; en outre, par la naissance en juste mariage, la condition de client du père se transmettait sans doute de génération en génération.

En tenant compte de la transmissibilité du lien de clientèle, Mommsen a émis une conjecture audacieuse au sujet du rapport à établir entre la plèbe et la clientèle : la plèbe serait sortie de la clientèle, en ce sens que tous les plébéiens seraient d'anciens clients (et leurs descendants) dont le lien de clientèle se serait évanoui, par exemple à raison de l'extinction de la *gens* patronale (1).

Les clients n'ont pas, parmi les plébéiens, une condition politique particulière; mais leur rapport de dépendance personnelle, régi par d'anciennes coutumes antérieures à la fondation de Rome, a conservé longtemps certaines répercussions sur leur condition civile. De ce que le client avait au début sa personnalité complètement absorbée dans la famille du patron, il s'est conservé que : c'est le patron qui représente le client dans ses différends avec les personnes étrangères à la famille et qui juge souverainement ses conflits à l'intérieur de la famille. Cependant le patron qui, abusant de son autorité protectrice, ferait tort à son client, s'exposait à des sanctions religieuses (*sacratio*), établies par les lois légendaires de Romulus (Denys, 2, 10; Plutarque, *Romulus*, 13) ou par les XII tables (Servius, *Aen.*, 6, 609), auxquelles on attribue communément le brocard : *patronus si clienti fraudem fecerit, sacer esto.*

Aux temps historiques, la personnalité du client n'était plus absorbée dans la famille du patron au point que le client ne pût avoir de biens personnels, et il arrivait vraisemblablement aussi

(1) Mommsen, *Dr. publ.*, 6[1], pp. 60-61, 73-79.

que le patron fit au client des concessions de terres à précaire. De leur côté les clients conservaient certains devoirs de reconnaissance envers leur patron : ils contribuaient à la dot de la fille du patron, au rachat du patron en captivité et au paiement des amendes du patron. Outre ce soutien d'ordre patrimonial (*bona*), les clients devaient sans doute aussi à leur patron le respect (*obsequium*) et des travaux ou services (*operae*).

Les étrangers. — Les étrangers étaient à Rome dépourvus de tout droit, de même que, par réciprocité, les Romains à l'étranger, à moins que le régime juridique de l'étranger à Rome ne fût réglé par un traité d'amitié et d'hospitalité. Nous savons que des traités d'alliance assurèrent aux Latins une condition privilégiée parmi les étrangers (*supra, p.* 12). Il y eut des traités analogues, mais assurément moins avantageux, avec d'autres peuples étrangers : en 486 avec les Herniques ; en 509 et en 348 avec les Carthaginois, etc.

Constitution de Servius Tullius. — Une réforme constitutionnelle attribuée à Servius Tullius, bien qu'elle fût peut-être postérieure à l'expulsion des rois, modifia profondément le régime militaire et le régime des impôts, et par voie de conséquence institua un nouveau mode de réunir l'assemblée populaire.

Les *Quirites*, qui n'étaient autre chose que les membres des curies (*quirites* dérivant de *curia*?), constituaient en même temps le peuple en armes (*quirites* dérivant de *quiris* = lance?) ; chaque curie, ayant à sa tête un *curio*, fournissait un certain nombre de soldats. Dans la constitution dite servienne, le territoire de la cité romaine est divisé en tribus locales : quatre quartiers de la ville ou tribus urbaines (palatine, colline, suburrane, esquiline) et des tribus rurales, qui furent bientôt au nombre de dix-sept. Le recensement, qui avait lieu tous les quatre ans et était utilisé pour la levée de l'impôt et de l'armée, répartissait dans chaque tribu les citoyens (patriciens et plébéiens) en cinq classes suivant leur fortune (d'abord la fortune immobilière seulement, puis toute fortune quelconque, depuis la censure d'Appius Claudius en 312 av. J.-C.). La première classe comprenait les citoyens qui avaient au moins 20 arpents (5 hectures) ou 100,000 as ; la deuxième classe, ceux qui avaient 15 arpents ou 75,000 as ; la troisième, ceux qui avaient 10 arpents ou 50,000 as ; la quatrième, ceux qui avaient 5 arpents ou 25,000 as ; la cinquième, ceux qui avaient 2 arpents ou 10,000 as. Bien que les classes les plus riches aient été sans doute les moins nombreuses, elles renfermaient le plus grand nombre de centuries : la première classe comprenait quatre-vingts centuries ; les deuxième, troisième et quatrième classes, chacune vingt centuries, et la cinquième classe, trente centuries. Ce nombre de centuries, dans chaque classe, était réparti également entre des centuries de *iuniores* (âgés de moins de quarante-six ans et astreints au service de campagne) et des centuries de *seniores* (astreints au service de place ou d'arrière). Les citoyens trop pauvres pour être recensés dans les classes formaient cinq centuries auxiliaires (musiciens, ouvriers et hommes complémentaires destinés à combler les vides). Enfin, pour compléter l'armée, des citoyens, pris parmi les plus riches, formaient dix-huit centuries de cavaliers. Soit en tout cent quatre-vingt-treize centuries.

Comices centuriates. — L'ensemble des centuries, qui formait l'armée, constituait aussi l'assemblée du peuple. Pour l'exercice du droit de vote, les centuries étaient appelées par classe, en commençant par la classe des citoyens les plus riches (qui comprenait le plus grand nombre de centuries) et en descendant ensuite successivement aux classes de citoyens de moins en moins riches. Chaque centurie émettant une voix, l'appel des classes cessait dès que la majorité des voix centuriates était atteinte.

Comices tributes. — Au début de la période républicaine, entre l'expulsion des rois (510 av. J.-C.) et la loi des XII Tables (450 av. J.-C.), apparaît un nouveau mode de convocation de l'assemblée populaire : tous les citoyens, étant recensés dans une tribu locale, sont réunis par tribus, afin qu'un vote soit ainsi émis par chacune des tribus, qui atteignirent en 241 av. J.-C. le nombre maximum de 35.

Jusqu'à la censure d'Appius Claudius (312 av. J.-C.), les propriétaires fonciers (*locupletes* ou *adsidui*) étaient seuls recensés dans les tribus. Après cette date, les *proletarii* ou *aerarii* étaient recensés mais habilement réunis dans un petit nombre de tribus, de façon à leur enlever toute action décisive dans l'assemblée par tribus.

A côté des trois variétés d'assemblée du peuple patricio-plébéien (comices curiates, centuriates et tributes), il y avait deux assemblées politiques ayant un caractère exclusif et destinées à se faire pour ainsi dire contrepoids : le sénat et le *concilium plebis*.

Sénat. — Le sénat était primitivement l'assemblée de chefs de familles patriciennes (*patres*), pris par le roi parmi les plus anciens (*senes* ou *seniores*). Sous la république les sénateurs sont désignés par les magistrats suprêmes et, depuis la *Lex Ovinia* (à peine antérieure à 312 av. J.-C.), par les censeurs, qui revisent tous les cinq ans la liste du sénat. Sous ce régime, le sénat se transforme en une assemblée de hauts magistrats sortis de charge.

Le Sénat était un conseil consultatif du roi ou des magistrats suprêmes. En outre, il avait à ratifier par la *patrum auctoritas* les décisions des assemblées populaires (comices curiates ou centuriates ou tributes), quel que soit leur caractère (électoral, judiciaire ou législatif). En sa qualité de conseil consultatif, le sénat intervenait effectivement dans le gouvernement; et, bien que cette intervention restât toujours purement facultative en droit, elle n'en était pas moins, en fait, très importante et surtout ininterrompue. En sorte que, sous le régime des magistratures annales, c'est à vrai dire le sénat qui apparaît comme l'organe continu du gouvernement ou l'expression de la tradition gouvernementale. L'influence ainsi grandissante du sénat faisait désirer aux plébéiens de forcer l'accès de cette assemblée. Ils y réussirent, sinon sous Servius Tullius, du moins au début de la république. Mais au milieu du sénat patricio-plébéien, le sénat exclusivement patricien continue à former un noyau, auquel est réservé l'exercice de la *patrum auctoritas*. L'ensemble du sénat patricio-plébéien (*patres et conscripti vel adscripti*) remplissait uniquement la fonction consultative; encore ici le droit de proposition ou d'initiative n'appartenait-il qu'aux sénateurs patriciens.

Concilium plebis. — Le *concilium plebis* est une assemblée de la plèbe, convoquée par les tribuns de la plèbe, institués au commencement de la république (peut-être à la suite de la sécession sur le mont Sacré en 495 av. J.-C.?) Les résolutions des *concilia plebis* (*plebis scita*) ne lient en principe que la plèbe seule; mais grâce à leur droit d'*intercessio* auprès des magistrats patriciens, les tribuns étaient toujours à même de faire sentir indirectement au peuple tout entier les effets d'une résolution de la plèbe. Au surplus, dès avant les XII Tables, il fut admis que les *rogationes* formulées par les tribuns avec l'assentiment du sénat et votées par le *concilium plebis* liaient directement le peuple tout entier. Plus tard, il arriva même qu'une loi Hortensia, votée entre 289 et 286 av. J.-C. par les comices centuriates, à la suite, dit-on, de la sécession sur le Janicule, supprima la nécessité de l'approbation du sénat pour que les plébiscites eussent force de loi générale. Précédemment déjà, pour les résolutions des comices mêmes, la *patrum auctoritas* était devenue une pure formalité, dénuée de toute portée effective.

CHAPITRE II

LES SOURCES DU DROIT

La coutume et la loi. — La source des règles de droit se trouve à vrai dire dans la vie sociale elle-même : l'évolution du droit suit pas à pas la transformation des conditions de la vie sociale (*supra* pp. 2 ss.). Cependant, comme l'ordre social implique que les règles du droit soient exprimées par certains organes sociaux, l'habitude s'est formée d'attribuer, à ces organes enregistreurs des normes juridiques, un rôle proprement créateur, et de considérer ces organes sociaux comme des sources du droit, alors qu'en réalité ils se bornent à formuler plus ou moins habilement les règles de droit que leur imposent les conditions muables de la vie sociale.

C'est en se plaçant sur ce terrain de vérité approximative qu'on proclame la Coutume et la Loi les deux principales sources du Droit.

Les règles coutumières trouvent leur expression uniquement dans la pratique journalière et constante, qui s'inspire directement des conditions de la vie sociale. La coutume, qui est l'expression directe de la volonté générale ou de la conscience populaire (*vox populi*), se réadapte automatiquement aux conditions perpétuellement changeantes de la vie sociale. Son principal mérite réside dans sa mobilité et sa plasticité.

La complexité grandissante des rapports sociaux s'accommode mal de l'incertitude de la coutume et exige plus de fixité dans l'expression des règles de droit. Celles-ci reçoivent alors dans la loi une formule qui semble définitive. Les formules législatives ont, sur les formules coutumières, l'avantage de la stabilité. Mais il ne faudrait pas croire que les formules fixes données par le législateur seraient immuables; car ceci ferait supposer que l'intervention du législateur aurait la vertu d'arrêter l'évolution du droit. Or, il apparaît généralement que, après un temps plus ou moins long, les formules fixes, dans lesquelles le législateur a enserré les règles de droit, sont devenues surannées. Et alors, comme une discordance entre le droit écrit et les conditions réelles de la vie sociale crée un véritable malaise social, un travail de réadaptation s'impose. Il est accompli par la pratique journalière des affaires (1). Pour accueillir les innovations de la pratique, sans sembler trahir sa

(1) Exemple récent et caractéristique de la hardiesse des innovations juridiques dues à la pratique des affaires : Ishizaki, *Le Droit corporatif international de la vente des soies*, t. XVIII à XX de la Bibliothèque de l'Institut de Droit comparé de Lyon, 1928.

mission essentiellement conservatrice, l'autorité s'efforcera de les dissimuler sous des artifices d'interprétation de règles anciennes. Dans le droit classique romain c'est surtout l'édit des magistrats judiciaires qui, par la voie originale d'une interprétation poussée jusqu'aux corrections et grossissements des textes, consacrera la mise à jour nécessaire des règles écrites surannées. Ultérieurement et jusqu'à nos jours, le même résultat sera obtenu par les expédients d'interprétation des tribunaux, qui consacrent l'existence, en marge des règles légales, de règles, jurisprudentielles, qui les complètent ou les corrigent.

A aucune époque, la loi écrite n'a pu avoir la vertu d'étouffer définitivement la coutume, c'est-à-dire l'épanouissement spontané du droit dans la vie.

Leges regiae. — Les sources du droit privé à Rome sont restées longtemps exclusivement coutumières. A la vérité, la légende fait remonter à la période royale la promulgation de *leges regiae*, qui auraient été réunies par un pontife, Gaius Papirius, au début de la république, dans un ouvrage *de ritu sacrorum*, qu'un certain Granius Flaccus aurait commenté dans un *liber de iure Papiriano*, de la fin de la république. S'il est probable que les prescriptions des prétendues *leges regiae* n'ont pas été inventées de toutes pièces, il est pourtant infiniment vraisemblable que celles-ci ne furent jamais des lois proprement dites, votées par les comices curiates. En vérité, les prescriptions des prétendues *leges regiae* ne sont autre chose que des prescriptions d'ordre religieux (*fas*) et les recueils légendaires de ces prescriptions ne furent sans doute que des recueils de pratique sacerdotale.

L'apparition tardive des lois comitiales se concilie parfaitement avec l'attestation de l'existence des comices curiates dès la fondation de Rome; car il serait tout à fait inexact de représenter l'assemblée populaire comme accomplissant, déjà sous les rois, une fonction indépendante, à la fois électorale, judiciaire et législative. La fonction électorale ne lui est sans doute advenue qu'après l'expulsion des rois; la fonction judiciaire n'était exercée que quand il plaisait au roi d'admettre la *provocatio ad populum* (car c'est seulement au début de la république qu'une *lex Valeria* détermina les peines pour lesquelles la *provocatio* était de droit); enfin la fonction législative ne se révélait guère que sous la forme d'une sorte d'adhésion au fait accompli; ainsi la *lex curiata de imperio* n'était autre chose qu'une promesse d'obéissance au roi, comparable au serment de fidélité de l'armée à son général. La principale fonction des comices curiates était sans doute, à l'époque royale, de donner à des actes privés une consécration publique, indispensable à raison des conséquences que ceux-ci pouvaient avoir sur la composition ou l'aménagement des *gentes*. Tels étaient, par exemple, l'*arrogatio* et le *testamentum*.

Les XII Tables. — La légende représente les XII Tables comme marquant une étape décisive dans la lutte des deux ordres. Les plébéiens se plaignaient de subir l'arbitraire des magistrats patriciens, que ne vinculait aucune loi écrite. En 462 av. J.-C., le tribun Terentilius Arsa propose de rédiger un code de lois pour la plèbe. Cette démarche, conforme à la tendance séparatiste (*supra*, p. 17), se heurte à l'opposition du sénat. Mais finalement, en 455, grâce à l'obstination des tribuns de la plèbe, le sénat consentit à la nomination d'une commission, qui rédigerait des lois communes aux patriciens et aux plébéiens; et en ceci c'est la tendance unitaire qui prévaut (TITE-LIVE, 3, 31). Avant qu'il soit procédé à la désignation des *decemviri legibus scribundis*, trois commissaires (triumvirs) auraient été envoyés en Grèce (ou peut-être seulement en Grande-Grèce), pour y étudier les lois grecques (législation de Solon?). En 452, les décemvirs, pris tous parmi les patriciens, furent élus par les comices centuriates pour l'année 451. Ils furent investis d'un pouvoir analogue à celui des consuls; le consulat et le tribunat de la plèbe furent temporairement supprimés et la *provocatio ad populum* fut suspendue. Durant l'année 451, les décemvirs (le plus connu est Appius Claudius), rédigèrent un certain nombre de lois, qui furent approuvées par le vote des comices centuriates et gravées sur dix tables. Comme ce travail de codification ne paraissait pas encore complet, une seconde commission de décemvirs, qui comprenait peut-être quelques plébéiens, fut élue à la fin de 451 pour l'année 450. Ces seconds décemvirs essayèrent de conserver le pouvoir après l'année 450; mais il furent renversés par le peuple en 449. Le vote des comices centuriates sanctionna leurs lois, qui furent gravées sur deux tables. Les dix tables des premiers décemvirs et les deux tables des seconds forment un ensemble, appelé *duodecim tabulae*, ou *lex duodecim tabularum*, ou *lex decemviralis*, ou parfois même *lex* tout court.

Les XII Tables de bronze (ou d'ivoire ou de bois?) étaient exposées au forum *pro rostris*. Elles ont péri dans le sac de Rome par les Gaulois, en 390 av. J.-C. Le texte, s'il a alors été réaffiché, a sans doute déjà été modernisé, et il a subi de nouveaux remaniements encore avant d'être formulé dans les brocards, que nous connaissons par les jurisconsultes et les grammairiens des siècles suivants. Car les grammairiens, ayant une prédilection à invoquer l'autorité de ce très ancien document de la prose latine qu'était la loi décemvirale, en citent volontiers des fragments. Et, d'autre part, les jurisconsultes ne se lassent pas de commenter un texte qui, à leurs yeux, était le monument fondamental du *ius civile*. Le plus ancien commentaire des XII Tables, dont l'existence nous est signalée, serait dû à Sextus Aellius, consul en 199 av. J.-C., et le plus récent est celui de Gaius (milieu du IIe siècle apr. J.-C.), dont on trouve des extraits dans le *Digeste* de Justinien.

Les règles des XII Tables qui nous sont conservées, soit par citation textuelle déjà modernisée, soit par relation de leur objet sans souci du texte original, forment une masse que, depuis la Renaissance, les érudits s'efforcent de répartir entre les douze tables, en se basant principalement sur la conjecture que le commentaire de Gaius en six livres aurait suivi l'ordre de la loi et réuni méthodiquement le commentaire de deux tables dans chaque livre. On trouve le résultat de cette reconstitution des XII Tables dans les collections classiques de sources juridiques romaines, par exemple dans Girard, *Text.*, pp. 9-13. Un aménagement assez différent, avec traduction française et commentaire, est donné par Bonfante, *Hist.*, I, pp. 176-258.

Cicéron, qui avait une grande admiration pour la loi des XII Tables (*de orat.*, I, 43-44), rapporte que les enfants l'apprenaient par cœur à l'école (*de leg.*, II, 3, 9; 23, 59). Tite-Live (3, 34) l'appelle *corpus omnis romani iuris*. Cependant la législation décemvirale ne s'étend pas également à toutes les branches du droit. Le droit public y tient fort peu de place et, à vrai dire, la loi décemvirale embrasse seulement le droit civil et le droit pénal, y compris la procédure civile et pénale, étant bien entendu que la distinction tranchée entre ces branches du droit était inconnue des décemvirs. En outre, on constate avec étonnement que, même dans les matières traitées le plus complètement (la procédure et le droit privé), des notions essentielles et fondamentales ne sont nullement précisées, parce qu'elles sont supposées connues de tous; par exemple : le *sacramentum*, le *nexum*, la *mancipatio*, le testament, la succession des *sui heredes*. Et quand il arrive aux XII Tables de mentionner l'une ou l'autre de ces institutions supposées connues, c'est uniquement pour en relever une conséquence particulière ou un développement nouveau. Ainsi : le *nexum* et la *mancipatio* ne sont cités que pour signaler la possibilité d'y insérer une *nuncupatio* obligatoire (*cum nexum faciet mancipiumque, uti lingua nuncupassit, ita ius esto*); le testament et la succession des *sui heredes* ne sont mentionnés qu'incidemment et comme étant des obstacles connus à la succession de l'*adgnatus proximus* (*si intestato moritur, cui suus heres nec escit, adgnatus proximus familiam habeto*).

Les lacunes évidentes de la loi des XII Tables font éclater l'exagération du langage de ceux qui, à quatre ou cinq siècles de distance, vantent la grandeur et la portée capitale de ce document législatif. Quoi de plus naturel, en présence de l'extraordinaire destinée politique des Romains, que de rattacher celle-ci après coup à la perfection de la loi fondamentale sous laquelle le peuple romain eut la bonne fortune de vivre. Et si la signification de la loi décemvirale a certainement été exagérée dans la tradition orale des siècles qui la séparent de Cicéron et de Tite-Live, la circonspection s'impose dans la recherche du fond de vérité que peut recéler la légende des XII Tables.

Les invraisemblances de l'histoire légendaire des XII Tables ont conduit certains critiques modernes à mettre en doute l'authenticité de la loi décemvirale. La légende témoigne du besoin ressenti à Rome de fixer par écrit les règles exclusivement coutumières du droit; et il est hors de doute que cette rédaction de la coutume a été réellement accomplie. Mais a-t-elle été accomplie d'un trait, en l'espace de deux ans et à l'époque si reculée de quatre siècles et demi avant Jésus-Christ? Selon l'historien italien Ettore Pais, le récit de l'œuvre accomplie par Appius Claudius et les autres *decemviri legibus scribundis*, en 451-450 av. J.-C., et le récit de la publication des formules sacramentelles des *legis actiones*, en 304 av. J.-C., par Cnaeus Flavius, secrétaire d'Appius Claudius (censeur en 312 av. J.-C.), seraient un doublet qu'il conviendrait d'interpréter de la manière suivante : il a été procédé peu à peu, au cours d'une période d'environ un siècle et demi (de 450 à 300 av. J.-C.), à la rédaction officielle de vieilles règles coutumières, et finalement les formules de ces règles juridiques ont été réunies en un ensemble ou code ayant également un caractère officiel. Cette solution du problème de l'authenticité des XII Tables est fort séduisante et gagne assurément du terrain. Quant aux critiques du jurisconsulte français Edouard Lambert, qui a très heureusement analysé aussi les invraisemblances de la légende des XII Tables, elles le conduisent à une solution beaucoup plus radicale, qu'on hésite généralement à accueillir : la légende des XII Tables devrait être rapportée, selon lui, non à une rédaction officielle des règles coutumières (à rajeunir d'un siècle et demi), mais à une rédaction purement privée, qui ne serait autre que le *ius Aelianum* de Sextus Aelius, de deux siècles avant Jésus-Christ (1).

La portée pratique de la querelle sur l'authenticité des XII Tables

(1) Sur le problème de l'authenticité des XII Tables : Bonfante, *Hist.*, II, pp. 77-103; Aperçu sommaire dans Huvelin-Monier, I, p. 45 ss.

ne doit pas être exagérée; car un point est acquis en tout cas : c'est que les Romains ont conservé fidèlement le souvenir de vieilles maximes juridiques, qu'ils envisageaient comme un legs respectable de leurs aïeux. Si l'ensemble de ces maximes forme réellement un code ou corps de lois promulguées en bloc quatre siècles et demi avant Jésus-Christ, toutes ces maximes légales doivent être mises sur le même plan; et comme l'on constate que les brocards des XII Tables font voisiner des institutions archaïques avec des institutions plus évoluées, on conclut que la loi décemvirale marque une époque de transition ou de plein travail de transformation. Par contre, si les maximes dites des XII Tables n'ont pas été formulées simultanément et que leur origine puisse donc remonter à des époques différentes, il est permis d'y voir l'expression d'organisations juridiques successives. Mais à cette différence près, il est certain que, dans les deux hypothèses, les vieilles maximes, qui nous ont été transmises, nous fournissent des documents également sûrs pour reconstituer le régime juridique des anciens Romains.

L'interpretatio des pontifes. — Quelle que soit la solution donnée au problème de l'authenticité des XII Tables, il est certain que le droit civil romain a conservé longtemps le caractère d'un droit coutumier.

Ce que la légende des XII Tables atteste, c'est que ce droit civil fut désormais un droit applicable indistinctement aux membres des deux ordres, un droit commun aux patriciens et aux plébéiens. Encore la légende apporte-t-elle à cette unification du droit civil un tempérament important, qui n'aurait été effacé que cinq ans après les XII Tables par le plébiscite Canuleien accordant le *ius conubii* aux plébéiens.

Mais pour consacrer l'existence d'un droit civil commun aux membres des deux ordres, fallut-il un acte législatif, comme les XII Tables de la légende? Ou bien l'application de règles civiles uniformes ne s'est-elle pas généralisée progressivement, sans que ces règles perdent leur caractère coutumier? Et un acte législatif n'a-t-il été indispensable que pour déloger le régime de l'inégalité civile de sa plus solide forteresse, le droit matrimonial?

Au surplus, nous avons remarqué déjà que les maximes attribuées aux XII Tables se bornent à régler certains détails d'organisation et certains effets particuliers de vieilles institutions civiles coutumières; de sorte que, à prendre même les brocards des XII Tables pour des textes légaux, ceux-ci n'auraient limité que de façon assez insignifiante le champ des institutions civiles coutumières.

S'il y avait eu réellement en 450 av. J.-C. une codification officielle marquant pour le droit civil le passage du régime de la coutume au régime de la loi, on s'attendrait à voir s'enregistrer désormais dans des lois civiles romaines les principales transformations du droit privé. Or, il n'en fut pas ainsi, et il faut attendre la période suivante pour rencontrer quelques lois civiles importantes. Par contre, durant notre période, les transformations du droit civil se réalisent presque exclusivement par l'*interpretatio* des pontifes; car le droit civil, resté coutumier en dépit de la diffusion de dictons ou brocards, exigeait pour sa mise en œuvre des connaissances spéciales dont les pontifes réussirent à conserver longtemps le secret et le monopole.

La coutume entourait les actes de la vie civile de pratiques compliquées et sacramentelles. Le rituel qui s'imposait aux actes judiciaires et extra-judiciaires avait un caractère sacré, à raison duquel il était contrôlé souverainement par les pontifes. Ce contrôle du rituel imposé à l'activité des magistrats et des particuliers donnait aux pontifes une influence constante sur l'application journalière du droit. Pareil système fournit même aux pontifes le moyen de développer, par voie d'interprétation, le champ d'application de vieilles maximes et d'anciennes institutions coutumières. Sans doute les pontifes respectaient toujours scrupuleusement les formes traditionnelles avec leurs formules sacramentelles, fixées *ne varietur* : ils ne pouvaient tolérer par exemple que, dans la *legis actio de arboribus succisis*, le terme spécifique *vites* fût substitué au terme générique sacramentel *arbores* (GAI. 4, 11). Par contre, ces formes si rigoureusement respectées, les pontifes ne se refusaient pas à en étendre le champ d'application; ils ne reculaient pas devant l'utilisation de vieilles formes traditionnelles à des fins nouvelles. Ainsi en a-t-il été, par exemple, de l'antique forme de la *mancipatio*, consacrée probablement d'abord pour le transfert entre vifs de certains objets mobiliers (esclaves et bétail?) : les pontifes en ont admis l'emploi successivement pour l'aliénation immobilière, l'aliénation fiduciaire, l'émancipation, la *datio in adoptionem*, le *testamentum*...

Jusqu'à l'accession des plébéiens au pontificat, autorisée par le plébiscite ogulnien, d'environ trois siècles avant Jésus-Christ, c'est pour ainsi dire exclusivement dans l'*interpretatio* des pontifes que se développe le *ius civile*. Jusqu'alors le collège des pontifes se montra très jaloux de ses prérogatives dans ce domaine, et il réussit même à s'assurer un véritable monopole, en se gardant de divulguer ses archives ou *commentarii pontificum*, qui contenaient, tant un formulaire des actes judiciaires et extra-judiciaires (*legis actiones, actus legitimi*), que le calendrier avec le relevé des jours (*dies fasti*) où l'accomplissement de ces actes était autorisé. La divulgation des *legis actiones* et du calendrier est représentée comme ayant été l'œuvre de Cn. Flavius, édile curule en 304 av. J.-C. (*Ius civile Flavianum*); et le monopole de l'interprétation pontificale ne survécut certainement pas à Tiberius Coruncanius, premier grand pontife plébéien en 252 av. J.-C., qui rendit ses consultations publiques (*publice profiteri coepit*) et jeta ainsi les bases d'un enseignement public du droit.

LIVRE II

La Famille

GÉNÉRALITÉS

Organisation patriarcale de la famille. — Le mot *familia*, dans son acception la plus ancienne, désignait l'ensemble des biens les plus précieux ou *res mancipi* (principalement les esclaves et le gros bétail) d'un foyer ou ménage (*infra*, p. 62). On relève cette ancienne signification dans la vieille expression *familia pecuniaque*, où *familia* avait originairement le sens de *res mancipi*, et *pecunia*, le sens de *res nec mancipi*(1). Bientôt pourtant la distinction tranchée entre le sens propre à *familia* (*res mancipi*) et le sens propre à *pecunia* (*res nec mancipi*) s'obscurcit; de sorte que, pour désigner l'ensemble d'un patrimoine (*res mancipi* et *res nec mancipi*), on n'emploie même plus toujours l'expression *familia pecuniaque*, mais on se contente souvent du mot *familia* seul. Il en est ainsi, par exemple, dans l'expression *actio familiae erciscundae*.

Dans une acception moins ancienne, *familia* désignera un groupe de personnes libres unies en un foyer; et ultérieurement, dans le droit honoraire, la distinction entre les personnes et le patrimoine d'un foyer sera marquée par l'emploi des deux termes : *familia* et *bona*. Mais même lorsque le mot *familia* désigne couramment une collectivité de personnes libres, une confusion des deux acceptions reste fréquente : ainsi Ulpien est encore amené à affirmer que la *familia* comprend avant tout les esclaves (*res mancipi*) et aussi les *filiifamilias* (*D.* 50, 16, 195§3 : *familiae appellatio omnes servos comprehendit; sed et filii continentur*).

La famille, au sens d'un faisceau de personnes libres, unies par un lien dit de parenté, s'entend de plusieurs variétés de groupes concentriques, qui se différencient par leur composition et leur signification.

Dans la conception romaine, l'axe de la famille c'est le *paterfamilias*, chef absolu du foyer : *is qui in* DOMO DOMI*nium habet* = celui qui a la *maîtrise* de la *maison*, comme dira encore Ulpien (*D.* 50, 16, 195§2). La parenté résulte donc uniquement du lien civil (*agnatio*) établi par la puissance domestique. Comme cette puissance est réservée aux ascendants paternels mâles, à l'exclusion de la mère et de tous les ascendants maternels, l'organisation de

(1) MITTEIS, *RP.*, p. 81, note 21.

la famille apparaît exclusivement patriarcale : elle est dès l'origine le contrepied de l'organisation matriarcale, dont l'histoire des institutions primitives nous révèle l'existence chez certains peuples, qui ne tenaient compte, pour la constitution du groupe familial, que du seul lien manifeste du sang, le lien utérin.

Le système patriarcal pur, qui ne tient compte que du seul lien consanguin (naturel ou artificiel) pour la formation du groupe familial, produit ce résultat que chacun ne peut appartenir qu'à un seul groupe familial. L'application du régime du matriarcat pur conduit au même résultat; tandis que notre conception moderne de la famille établit une interpénétration des groupes familiaux, chacun de nous appartenant normalement à deux groupes différents : la branche paternelle et la branche maternelle. Cette constatation autorise à dire que le régime, soit de pur patriarcat, soit de pur matriarcat, convenait mieux que le régime moderne à une organisation dans laquelle la famille serait la cellule sociale.

Les diverses puissances domestiques. — Le *paterfamilias* est, sa vie durant, maître absolu de tous les éléments qui constituent le foyer : personnes et choses. Il a sur ces divers éléments une puissance complète, que longtemps il a désignée indistinctement par l'emploi du possessif, sans autre précision; peut-être arriva-t-il aussi qu'on eut recours au terme générique *manus*, pour désigner uniformément la maîtrise du *paterfamilias* sur toutes les variétés de personnes et de biens qu'il a en sa main dans la maison. Quoi qu'il en soit, il vint un temps où le langage trahit une différenciation des maîtrises du chef de famille, à raison de la diversité des objets de ces maîtrises : *dominium* sur les choses, *dominica potestas* sur les esclaves, *patria protestas* sur les enfants, *manus* sur la femme.

Le régime de puissance absolue du *paterfamilias* dans la *domus*, pas plus que le régime politique de la monarchie absolue, ne représente la plus ancienne ordonnance sociale. S'il faut en coire les sociologues de l'école de Durkheim, aussi longtemps qu'une collectivité primitive manquait d'assise territoriale, ses membres n'étaient généralement pas encore subordonnés à la souveraineté individualisée d'un chef. La cohésion du groupe résultait alors d'un lien mystique, le *totem*, qui servait à la fois d'emblème et de nom au groupe, et dont la force impersonnelle et diffuse suffisait à imposer une ordonnance sociale, faite de prescriptions et interdictions rituelles: car celles-ci, étant des *tabous* totémiques, étaient revêtues d'un caractère sacré, qui leur assurait des sanctions rigoureuses (1).

---

(1) *Acta Academiae universalis Jurisprudentiae comparativae*, I, 1928, pp. 112-113.

Quoi qu'il en soit de ce stade primitif de l'ordonnance sociale, certes il était dépassé dans les plus anciennes collectivités sociales que nous révèle l'histoire de Rome : ici la force de cohésion, tant de la plus large (cité) que de la plus étroite (famille) des communautés sociales, était placée exclusivement dans la maîtrise individualisée d'un chef absolu.

Les divers groupes familiaux : domestici, agnati, gentiles. — Le faisceau des personnes libres (femme et descendants), réunies sous la puissance à vie du chef de famille, constitue le foyer ou la *domus*. Ces personnes, parce qu'elles sont de la *domus*, sont dites *domestici*, et leur collectivité portera, en droit classique, le nom de *familia iure proprio*.

A la mort du *paterfamilias*, le foyer du défunt se dissocie en autant de foyers nouveaux qu'il y avait de descendants mâles sous la puissance immédiate du défunt. Tous ces foyers restaient unis entre eux par le lien gentilice, qui était anciennement un lien très étroit, de nature à les maintenir tous dans la main du chef suprême de la *gens*. Cependant, aux temps historiques, la forte cohésion de l'ancien groupe gentilice s'est à peu près évanouie et il s'est formé, entre ce large groupe devenu très lâche et le petit groupe fort étroit du foyer, un groupe familial intermédiaire, le groupe agnatique (*agnati*), que les classiques appelleront plus tard la *familia iure communi*, par opposition au foyer, dit *familia iure proprio* (Ulp. D. 50, 16, 195§2).

Peut-être est-il permis de faire ici une comparaison avec une évolution qui s'est vraisemblablement produite sur le terrain politique. La cité (collectivité politique la plus large) fut au début une fédération de *gentes* (collectivités politiques les plus réduites); puis il arriva que, entre le tout (cité) et les parties constitutives du tout (*gentes*), s'intercala un groupe politique intermédiaire, la curie. N'est-ce pas semblablement que, à l'intérieur de la plus grande famille, la *gens*, qui enserrait un nombre toujours variable de foyers ou petites familles, il s'est formé un groupe familial moyen, le groupe agnatique, dont l'importance s'accrut à mesure que se relâchait le lien gentilice?

Entre ceux qui avaient été soumis ou auraient pu être soumis à la même puissance domestique (à supposer prolongée la vie du *paterfamilias* commun), le lien de parenté déduit de la communauté de puissance survivait à l'extinction de cette puissance par décès du *paterfamilias*. Alors la famille agnatique s'étend aussi loin qu'il reste possible de rattacher avec certitude les membres du groupe à une puissance commune déterminée. Du moment où il n'est plus possible de découvrir le chef de famille commun au groupe agnatique, il peut subsister pourtant dans l'identité du *nomen* (*gentilicium*) l'indice d'une lointaine communauté de puissance domestique : indice suffisant pour faire admettre l'existence d'un lien, dit de gentilité.

Au point de vue du droit civil, la signification du groupement familial va en décroissant, plus la notion de la famille s'élargit.

Le groupe familial le plus large, c'était la *gens*. On conjecture généralement que, la propriété foncière ayant été collective avant de devenir individuelle, c'est au groupe gentilice qu'elle aurait été attribuée originairement. Mais aux temps historiques, la cohésion des *gentiles* ne se révèle plus guère que par des fêtes religieuses célébrées en commun et certains droits successoraux et de tutelle de nature subsidiaire. La *familia iure communi*, ou groupement familial plus étroit, constitué par le lien agnatique, a conservé une signification infiniment plus considérable pour la fixation des droits successoraux et de tutelle. Enfin la portée juridique du groupement familial le plus étroit, *familia iure proprio* ou foyer, est beaucoup plus étendue encore; car tous les droits du groupe sont concentrés en la personne du chef, qui a seul la pleine capacité juridique. Le *paterfamilias* seul est indépendant de toute puissance : il est, dira-t-on plus tard, *sui iuris*, tandis que tous les autres membres du foyer domestique (*familiares*) sont *alieni iuris*. Toutefois, c'est seulement dans le domaine du droit privé qu'on constate l'état de complète dépendance de l'*alieni iuris*; par contre, *in rebus publicis*, c'est-à-dire dans le domaine du droit public, la personnalité du *filiusfamilias* est indépendante de celle du *paterfamilias* : ici, il semble que le chef de famille n'ait eu qu'un seul avantage sur le *filiusfamilias*, à savoir le privilège de pouvoir seul faire partie de l'assemblée des *patres*, qui dispense la *patrum auctoritas*.

CHAPITRE PREMIER

MANUS ET PATRIA POTESTAS

La maison romaine étant un groupe autonome, dont tous les droits sont concentrés dans la personne du chef de famille, il s'ensuit que même la femme et les descendants sont dépourvus de tous droits au regard du *paterfamilias*, et que celui-ci a sur eux une puissance illimitée.

Etablissement de la puissance domestique. — Par légitime mariage, le *paterfamilias* acquiert sur sa femme une puissance (*manus*) égale à celle qu'il acquerra sur ses filles : la femme *in manu* est, au regard de son mari, *filiae loco*. Quant aux enfants qui viennent à naître de sa femme, le *paterfamilias* ne les accueille dans la famille que s'il le veut bien. Le nouveau-né est déposé aux pieds du *paterfamilias* : celui-ci a alors le choix ou de prendre l'enfant dans ses bras ou de le laisser à terre. Relever ou élever l'enfant (*liberum tollere, suscipere*), c'est l'accueillir dans la famille, et l'enfant est alors associé au culte domestique par la cérémonie de la *lustratio*. Si au lieu d'enlever de terre le nouveau-né le chef de famille le laisse à terre, il le désavoue (*liberum repudiare, negare*); alors l'enfant n'entre pas dans la famille; il se peut qu'il soit exposé ou aussi qu'il soit placé à titre de client sous la protection d'un autre chef de famille.

Effet de la puissance au regard des familiares. — Pour apprécier exactement la portée de la puissance domestique, il convient de relever les conséquences de cette puissance, tant à l'intérieur du groupe familial que dans les rapports de ce groupe avec les tiers.

Au regard des membres de la famille, la puissance illimitée du *paterfamilias*, qui va jusqu'au *ius vitae ac necis*, fournit au chef de famille le moyen de maintenir l'ordre au sein du groupe, par l'application sans réserve du principe d'autorité. Si des droits illimités sont reconnus au *paterfamilias*, c'est avant tout pour lui permettre de remplir les devoirs nombreux que lui imposent la religion et les mœurs. Le devoir primordial du *paterfamilias* est de soutenir sans défaillance le culte des ancêtres et d'assurer à cette fin la perpétuation de la famille; en conséquence, il doit se marier et élever des enfants (de préférence des garçons, puisque les filles, par leur mariage, sortent de la famille). Ce devoir moral semble avoir été considéré comme particulièrement impérieux, puisque parmi les prescriptions religieuses attribuées à Romulus, sous le nom de *leges regiae*, il en est une qui aurait enjoint au *paterfamilias* d'élever tous ses enfants mâles et l'aînée de ses filles, à raison sans doute de l'intérêt de la cité à avoir le plus de citoyens capables de la défendre (Denys, 2, 15).

En même temps qu'il est le prêtre de la famille, le *paterfamilias* est aussi le magistrat domestique, chargé de maintenir l'ordre dans la famille. C'est à lui seul qu'incombe le soin de prévenir et de réprimer les écarts des membres de la famille. Le droit de juridiction du *paterfamilias* excluait toute intervention de l'autorité publique, quand bien même l'acte répréhensible commis par une personne sujette eût constitué une infraction aux lois de la cité. La première restriction au droit exclusif de juridiction du *paterfamilias* sur les *familiares* remonte à l'époque de l'institution du tribunat. Les violences commises sur un tribun de la plèbe, même si elles émanent d'un *filiusfamilias*, donnent lieu à des poursuites devant les comices tributes : pour la répression d'un crime politique si grave, les droits du père s'effacent devant ceux de l'Etat. Dans l'exercice de sa juridiction domestique, le *paterfamilias* avait le souci de ne jamais abuser de sa puissance illimitée ; aussi, dans les cas les plus graves, prenait-il toujours l'avis du tribunal de famille, *consilium propinquorum vel amicorum* (réunion officieuse de proches ou d'amis). Les peines les plus graves que le *paterfamilias* pouvait infliger, c'étaient la mort et la vente à l'étranger(*trans Tiberim*) ; toutefois, la vente comme esclave ne pouvait avoir pour objet la femme *in manu mariti* (différence entre la *manus* et la *patria potestas*).

Enfin, si le *paterfamilias* concentre aussi en ses mains tous les droits sur les biens de la famille, c'est avant tout pour être à même d'accomplir son devoir d'entretenir tous les membres de la famille. Quand le *filiusfamilias* a atteint l'âge de contracter mariage, il arrive fréquemment que, pour pourvoir à son entretien, le *paterfamilias* lui abandonne en fait certains biens, par exemple quelques têtes de bétail (*peculium*) : ce pécule reste, en droit, la propriété exclusive du *paterfamilias*, mais constitue une sorte de patrimoine de fait du *filiusfamilias*.

Effet de la puissance au regard des tiers. — Envisagée dans les rapports du groupe familial avec les tiers, la puissance absolue du chef de famille autorise celui-ci à réclamer par une même action (*vindicatio*) tous les éléments animés et inanimés de la maison qu'un tiers retiendrait contre son gré. En outre, la puissance absolue du *paterfamilias* a pour effet de procurer directement à celui-ci le bénéfice de toutes les acquisitions que les *subiectae personae* pourraient faire. Comme tous les droits de la famille sont concentrés sur la tête du *paterfamilias*, il s'ensuit que tous les droits acquis par une *subiecta persona* sont forcément acquis au *paterfamilias* ; en d'autres termes, la *subiecta persona* est toujours un instrument d'acquisition au *paterfamilias*. Le *filiusfamilias*, s'il a le *conubium* et le *commercium*, en use au profit de son *paterfamilias* : quand il contracte un légitime mariage, sa femme et ses enfants tombent sous la puissance de son *paterfamilias* ; quand il traite avec des tiers, c'est à son *paterfamilias* qu'il acquiert des droits (propriété ou créance), et c'est celui-ci qui est seul fondé à intenter les actions judiciaires qui sanctionnent ces droits. En empêchant la *subiecta persona* d'être au bénéfice des actes qu'elle a personnellement accomplis, la loi romaine frappe en réalité toute personne sujette d'une incapacité patrimoniale absolue, ou incapacité d'avoir rien en propre, et la concession d'un pécule n'y change rien, puisque le pécule ne cesse pas d'appartenir au *paterfamilias* exclusivement.

L'incapacité de l'*alieni iuris* d'acquérir pour lui-même entraîne *a fortiori* son incapacité de s'obliger personnellement. D'ailleurs, le droit national romain ne reconnaissant au créancier d'autre procédé d'exécution forcée que l'exécution sur la personne du débiteur, l'exécution d'une obligation personnelle à une *subiecta persona* se serait toujours forcément heurtée à l'obstacle infranchissable de la puissance illimitée du *paterfamilias* sur la dite *subiecta persona*. N'est-il pas, en effet, de l'essence de la puissance exclusive du *pater familias* de rendre vaine toute tentative d'un *extraneus* d'exercer une contrainte quelconque sur l'une des *subiectae personae*?

De ce que la puissance domestique exclut la possibilité d'une contrainte exercée par un *extraneus* sur les *familiares*, s'ensuit-il que la solidarité familiale, qui met nécessairement le *paterfamilias* au bénéfice des acquisitions accomplies par les *subiectae personae*, doit faire dériver également sur le *paterfamilias* les voies d'exécution en lesquelles se réalisent les engagements des *subiectae personae*?

Le vieux droit national romain n'envisageait la resopnsabilité du chef de famille pour les engagements des *subiectae personae* qu'au sujet de la catégorie la plus ancienne d'engagements, à savoir les engagements délictuels.

Quand un tort illicite est causé par une *subiecta persona* à un *extraneus*, ce délit aura pour réaction inévitable l'exercice de la vengeance privée de la victime. Dans cette conjoncture, le chef de famille du délinquant choisira entre les deux attitudes suivantes : 1º ou bien il désavouera le coupable et, renonçant à sa puissance domestique, il ne fera nul obstacle à l'exercice de la vengeance de la victime; il se désolidarise ainsi de la *persona subiecta* pour la culpabilité (*noxa*) de celle-ci (*in noxam dedere*), et cet abandon noxal ou *noxae deditio* était plutôt un acte de renonciation à la puissance qu'un acte de cession à la victime du délit (1); 2º ou bien le *paterfamilias* entendra ne pas sacrifier sa puissance domestique, ciment de la solidarité familiale, et il prendra fait et cause pour la *subiecta persona* coupable; alors la victime, dans l'exercice de sa vengeance privée, sera aux prises avec le chef de famille, maître absolu du délinquant; c'est avec le *paterfamilias* qu'elle entrera éventuellement en composition, et c'est de lui que, sous le régime des compositions légales, elle recevra la composition ou indemnité forfaitaire, *noxiam* (= *damnum*) *sarcire*, qui coupera court à toute vengeance privée.

(1) F. De Visscher, *RHDF*, 1929, pp. 424-425.

Cessation de la puissance. — Normalement la puissance domestique cesse au décès du *paterfamilias* (sans parler d'un décès prématuré de l'*alieni iuris* lui-même). Du vivant du père, le fils n'est soustrait à la *patria potestas* que quand il devient *flamen dialis*, et la fille, quand elle devient *virgo vestalis*. En pareil cas le fils ou la fille sont affranchis de la *patria potestas* sans sortir de la famille, à la différence des émancipés, pour lesquels nous verrons que les liens agnatiques sont détruits par la *capitis deminutio* (Gai. 3, 114.)

De bonne heure, la possibilité a été donnée au *paterfamilias* de mettre fin volontairement à sa puissance paternelle. A cet effet, l'*interpretatio* des pontifes a permis au *paterfamilias* d'utiliser le procédé de l'aliénation des enfants sous puissance.

Quand, dans l'exercice de sa juridiction domestique, le père vend son enfant *trans Tiberim*, l'enfant devient esclave à l'étranger et échappe définitivement à la puissance paternelle. Mais quand le père, voulant faire argent des services de son enfant, le vend à l'intérieur de la cité ou du Latium, l'enfant tombe sous la puissance de l'acquéreur, sans perdre toutefois son *status libertatis* : tout en restant citoyen, il est placé provisoirement dans une condition de fait semblable à l'esclavage; il est *servi loco*, *in causa mancipii*, *in mancipio*, et les listes du cens le mentionnent comme fils de Lucius, esclave de Publius. La condition de l'enfant *in mancipio* est purement provisoire, et quand elle cessera, l'enfant retombera sous la *patria potestas*. Ceci se produisait dans les circonstances suivantes : 1° quand le père, ayant donné son enfant *in mancipio* avec cette clause qu'il lui serait restitué dans la suite (*ea lege ut sibi remanciperetur*), obtenait que l'acquéreur lui fit *remancipatio* de l'enfant; 2° quand aucune réserve expresse de la *patria potestas* n'ayant été ajoutée par le père à la cession de son enfant *in mancipio*, celui-ci avait sollicité et obtenu, aux opérations du cens, la biffure de la mention *Publii servus* (Gai. 1, 140) afin d'effacer l'obstacle à l'exercice de la *patria potestas*, révélée par la mention *Lucii filius*.

La loi des XII Tables formule la plus ancienne restriction légale au pouvoir absolu du *paterfamilias* de vendre ses enfants pour faire argent de leurs services : *si pater filium ter venum duit, a patre filius liber esto* (Gai. 1, 132; Ulp. 10, 1). Or, cette disposition, qui libère définitivement de la *patria potestas* le fils vendu par le père à trois reprises, suggéra aux pontifes l'expédient qui permettra désormais au père de faire cesser volontairement sa *patria potestas* de son vivant : à cette fin, il suffira au père de faire, pour un prix fictif, trois ventes consécutives (*mancipationes nummo uno*) de son fils à un ami qui, en vertu d'un accord préalable (*fiduciae causa*), s'empressera d'affranchir le fils après chaque *mancipatio*. La troisième vente, qui aura fait sortir le fils de sa famille, sera donc littéralement une *e-mancipatio* : libéré définitivement de la *patria potestas*, il est devenu lui-même *paterfamilias*. Toutefois, pour qu'il ne reste pas *in causa mancipii*, il faudra qu'il soit affranchi après la troisième *mancipatio*. L'affranchissement de la *causa mancipii* conférait au *manumissor* les droits de patronat; aussi, pour éviter que l'émancipé ne tombât sous le patronat d'un *manusmissor extraneus* (l'acquéreur fiduciaire), usait-on de l'expédient suivant : après la troisième vente *in mancipio*, l'acquéreur fiduciaire revendait *in mancipio* le fils au père, de sorte qu'alors, l'affranchissement final émanant du père, l'émancipé se trouvait sous le patronat du *parens manumissor* (*Ep.* Gai. 1, 6, 3.)

La nécessité d'accomplir trois ventes fictives consécutives n'a pas tardé à paraître vexatoire. Ceci amena les pontifes à interpréter restrictivement le texte des XII Tables, qui mentionnait uniquement le *filiusfamilias*; en conséquence, pour l'émancipation de tous les autres enfants sous puissance (filles et petits enfants), la pratique se contenta d'une seule *mancipatio fiduciae causa* suivie d'affranchissement.

Il est probable que l'émacipation ,de même que l'exposition des nouveau-nés, se justifiait surtout par des raisons d'ordre économique : le souci d'éviter le morcellement du bien familial. Toutefois, comme il ne fallait pas que l'émancipé fût réduit à la misère, il était de règle de lui abandonner définitivement son pécule lors de l'émancipation.

Arrogatio et datio in adoptionem. — Si le *paterfamilias* auquel il naissait trop d'enfants prenait des mesures de nature à empêcher un morcellement exagéré du bien familial, par contre, celui auquel il ne naissait pas d'enfant devait avoir le souci d'assurer par des procédés artificiels la perpétuation de la famille et du culte domestique. A cette dernière fin, il recourait à l'adrogation ou à l'adoption.

L'*arrogatio* est un acte juridique qui fait entrer un *homo sui iuris* sous la puissance d'un chef de famille. L'*arrogatus*, avec tous les éléments de son foyer, est absorbé dans la *domus* du *pater arrogans*; de sorte que l'adrogé et ses descendants tombent sous la puissance de l'adrogeant, et que tous les biens de l'adrogé sont englobés dans le patrimoine de l'adrogeant. L'*arrogatio*, parce qu'elle entraîne la destruction d'un foyer, intéresse la cité. Aussi s'accomplit-elle dans l'assemblée populaire, comices curiates, présidée probablement par le grand pontife; car, à raison de l'extinction du foyer et des *sacra privata* de l'*arrogatus*, une information préalable des pontifes s'imposait; et l'assentiment de l'assemblée populaire n'était donné qu'après une interrogation adressée (*rogare*) successivement par les pontifes à l'adrogeant, à l'adrogé et au peuple (Gai. 1, 99; Aulugelle, 5, 19; Tacite, *Hist.* 1, 15). En même temps et de l'assentiment aussi des pontifes et du peuple, l'adrogé faisait l'abandon solennel de ses *sacra privata* : *sacrorum detestatio*.

Comme l'*arrogatio* se faisait dans les comices et que l'adrogé y jouait un rôle actif, puisqu'il avait à répondre à une question des pontifes, il était impossible que pussent être adrogées des personnes qui ne pouvaient faire partie des comices : par exemple des impubères et des femmes.

L'adoption ou *datio in adoptionem* est un acte juridique qui fait passer un *alieni iuris* (femme ou homme) de la puissance d'un *paterfamilias* sous la puissance d'un autre *paterfamilias*. Pour affranchir l'adopté de la puissance du *paterfamilias* qui le donnait en adoption, le procédé de l'aliénation était employé, comme dans l'émancipation. Seulement, à la différence de l'émancipé, qui devait échapper désormais à toute *patria potestas*, l'adopté n'était affranchi d'une puissance que pour retomber immédiatement sous une autre puissance. Il fallait donc, après la *mancipatio* qui avait libéré l'adopté de la *patria potestas* de son père naturel (la troisième *mancipatio* s'il s'agissait d'un *filiusfamilias*), qu'un acte juridique fût accompli pour établir sur l'adopté la *patria potestas* du père adoptif. Cet acte était un acte de juridiction gracieuse, la *cessio in iure* : l'adoptant se présente devant le magistrat avec l'acquéreur qui a l'adopté *in mancipio*; ici, *in iure*, l'adoptant formule une *vindicatio filii*, à laquelle la partie adverse n'oppose aucune *contravindicatio* (elle s'efface en justice : *in iure cedit*); dès lors, le magistrat prononce au profit de l'adoptant une *addictio*, qui consacre la puissance paternelle de l'adoptant sur l'adopté.

On remarquera que l'*in iure cessio*, qui confère la *patria potestas* à l'adoptant, ne pouvait être accomplie d'emblée entre le père naturel et le père adoptif. Il était indispensable que des *mancipationes* aient d'abord éteint la puissance du père naturel. Cette exigence s'explique peut-être par la raison que la sortie de la famille ne devait pas être rendue plus facile par la *datio in adoptionem* que par l'émancipation.

Les *mancipationes* destinées à éteindre la puissance paternelle pouvaient être faites soit à un acquéreur fiduciaire, soit à l'adoptant lui-même. Quand c'était un tiers acquéreur fiduciaire qui avait *in mancipio* le futur adopté, l'adoptant n'intervenait dans l'opération que pour faire l'*in iure cessio*, et il accomplissait celle-ci avec le tiers-acquéreur fiduciaire. Mais quand c'était l'adoptant lui-même qui avait acquis *in mancipio* l'adopté libéré de la *patria potestas*, il était impossible que l'adoptant accomplît une *in iure cessio* où il eût dû figurer à lui seul les deux parties. Aussi, pour que l'*in iure cessio* fût possible en pareil cas, fallait-il que l'adoptant fît *remancipatio* de l'adopté au père naturel : alors l'adopté, ayant échangé sa condition de *filiusfamilias* contre la *causa mancipii* au regard de son père naturel, celui-ci peut renoncer à sa puissance dans une *in iure cessio* accomplie au profit de l'adoptant. Par ce procédé, qui implique une *mancipatio* de plus, les intéressés ont éludé l'intervention d'un tiers-acquéreur fiduciaire (Gai. 1, 134).

Capitis deminutio (1). — L'*emancipatio* (*supra*, p. 38), l'*arrogatio* (*supra*, p. 39), la *datio in adoptionem* (*supra*, p. 40) et la *conventio in manum* (*infra*, pp. 47-48) ont pour effet de rompre le lien agnatique. Pareille rupture du lien agnatique constitue, aux yeux des Romains, une *capitis deminutio* ou anéantissement de la personnalité. Cette conception d'une destruction de la personnalité par la perte du *status familiae* s'est vraisemblablement formée de la manière suivante : l'exclusion du groupe familial, quand elle s'accomplissait par une vente *trans Tiberim*, destructive de la liberté, entraînait fort naturellement l'anéantissement de la personnalité du *familiaris*, devenu esclave à l'étranger ; or, pour briser le lien agnatique d'une personne, sans lui enlever son *status libertatis*, c'est en général au même procédé de l'aliénation qu'on a recours ; et il n'est pas surprenant que celui qui est vendu *in mancipio* dans la cité soit tenu pour *capite minutus* comme celui qui avait fait l'objet d'une vente *trans Tiberim*. Ainsi on distinguait deux variétés de *capitis deminutiones* : la *magna*, qui résultait de la perte du *status libertatis*, et la *minor*, qui résultait de la perte du *status familiae*. Ultérieurement une troisième variété vint s'intercaler entre ces deux variétés extrêmes, quand il devint possible qu'une perte du *status civitatis* se produisît sans entraîner la perte de la liberté : par exemple, par la déduction de citoyens romains dans une colonie latine, ou aussi par l'*interdictio aquae et ignis* encourue par celui qui se soustrayait par l'exil à une condamnation capitale (Gai. 1, 128 ; Ulp. 10, 3). Alors s'échelonneront trois espèces de *capitis deminutiones*, qui toutes trois brisent les liens agnatiques du *capite minutus* ; la *maxima*, par privation du *status libertatis* ; la *media*, par privation du *status civitatis*, et la *minima*, par privation du *status familiae* seul (Gai. 1, 158-163).

L'anéantissement de la personnalité (mort civile) de celui dont

---

(1) Desserteaux, *Etudes sur la capitis deminutio*, 3 vol., 1909, 1919-1926, 1928.

le *status familiae* est détruit laisse tout de même subsister une personne physique; et il est impossible que celle-ci n'ait pas de statut juridique; seulement, dans la conception romaine de la *capitis deminutio*, la nouvelle personnalité n'a juridiquement rien de commun avec l'ancienne, qui est détruite. De ceci il s'est conservé jusqu'en droit classique un vestige curieux : le *capite minutus* était libéré *iure civili* de ses dettes contractuelles antérieures à la *capitis deminutio* (Gai. 3, 84).

CHAPITRE II

DOMINICA POTESTAS

Causes de l'esclavage. — La source originaire de l'esclavage fut la guerre. L'Etat faisait vendre publiquement à son profit (sous la république, par les soins du questeur) les prisonniers de guerre, *sub hasta* (signe de la propriété), *vel sub corona* (symbole de la victoire). Ensuite l'esclavage se perpétuait par la naissance : l'enfant suivait la condition de sa mère (Gai. 1,82).

Condition des esclaves. — Primitivement le rapport de maître à esclave est exprimé en termes vagues par l'emploi du possessif. Ultérieurement, quand les sources s'attachent à préciser le caractère de ce rapport juridique, tantôt elles assimilent l'esclave à une personne *in aliena potestate* (Gai. 1, 52), tantôt elles l'assimilent à une chose, qui peut être l'objet d'un droit de propriété (Gai. 2, 13; Ulp. 19, 1). Et, de fait, la condition juridique de l'esclave romain participe de celle de la personne et de la chose à la fois.

La conception de l'esclave comme chose susceptible de propriété se révèle en ceci : que l'esclave dont le maître disparaît passe aux successeurs de son maître, et à défaut de pareils successeurs, l'esclave devient *res nullius*, susceptible d'appartenir au premier occupant. En outre, il peut arriver qu'un esclave appartienne à plusieurs maîtres (*servus communis*) et il s'établit alors entre ces maîtres des rapports régis par les règles de la copropriété.

Néanmoins, le point de vue qui fut toujours prépondérant à Rome découvre dans l'esclave un germe de personnalité, qui peut recevoir à tout moment son plein épanouissement par l'effet d'un affranchissement. Aussi le traitement de l'esclave dans la maison romaine se rapproche-t-il souvent fort de celui des enfants sous puissance. Dans le domaine religieux : le maître offre des sacrifices pour ses esclaves et aux mânes de ses esclaves; la sépulture d'un esclave est *res religiosa*. Dans le domaine du droit privé : l'esclave avait la même incapacité patrimoniale que le *filiusfamilias*; mais il servait comme lui d'instrument d'acquisition au chef de famille et obligeait semblablement (*supra*, p. 37) son maître, par ses délits; il pouvait aussi, comme le *filiusfamilias*, obtenir du chef de famille la concession d'un pécule. En fait, on se tromperait fort en représentant comme pénible la condition des esclaves dans l'ancienne Rome; car les esclaves, généralement peu nombreux, partageaient les travaux des autres membres de la famille, et la vie en commun contribuait à adoucir, surtout pour les esclaves nés dans la maison (*vernae*), les rapports avec le chef de famille.

Affranchissement. — L'esclave peut être libéré de la *dominica potestas* par un acte d'affranchissement ou *manumissio*, qui s'accomplissait soit *censu*, soit *vindicta*, soit *testamento* (Ulp. 1, 7-9).

Il y a *manumissio censu* quand le maître, pendant les opérations du cens, fait inscrire son esclave sur la liste des citoyens. Il y a affranchissement testamentaire ou *manumissio testamento* quand la liberté est directement conférée par une disposition de dernière volonté, insérée dans le testament du maître. Enfin la *manumissio vindicta*, qui s'accomplit devant le magistrat, est généralement représentée par les modernes comme un procès fictif : d'accord avec le maître, dit-on, un *adsertor libertatis* réclame pour l'esclave la liberté, en formulant une *vindicatio in libertatem*, accompagnée de l'imposition d'une *vindicta* ou *festuca* sur la tête de l'esclave; le maître n'oppose à cette affirmation aucune *contravindicatio* et reconnaît donc par son silence le bien-fondé de l'affirmation de l'*adsertor*; le magistrat prend acte de cet aveu du maître et, par l'*addictio* qu'il prononce, il consacre judiciairement la liberté de l'esclave. Cependant il est possible, comme le prétend actuellement M. Henri Lévy-Bruhl, que l'affranchissement par la vindicte ait eu dès le début la forme infiniment moins complexe d'une simple déclaration du maître ratifiée par le magistrat, en présence de l'esclave et sans intervention d'un *adsertor*.

L'affranchissement testamentaire, à la différence des autres affranchissements (sans doute parce que le testament, dans sa plus ancienne forme, était semblable à une loi), pouvait être subordonné à une condition ou un terme. Ulpien fait remonter au temps des XII Tables l'usage d'affranchir par testament un esclave, sous la condition qu'il paie une somme à l'héritier (*si decem milia heredi dederit*). La loi des XII Tables se serait déjà avisée de déjouer le calcul de l'héritier qui, en aliénant l'esclave *pendente condicione*, espérerait frustrer celui-ci du bénéfice de l'affranchissement : en pareil cas, elle aurait conservé à l'esclave le droit de réclamer sa liberté de l'acquéreur (son nouveau maître) en lui payant la somme dite. L'esclave affranchi ainsi conditionnellement par testament est appelé *statuliber*; et il est remarquable que la condition imposée au *statuliber*, de payer une somme à l'héritier, implique la reconnaissance du droit pour le *statuliber* de disposer de l'argent qu'il avait économisé au décès du testateur. Ne faut-il pas voir en ceci l'indice que, dès le décès du testateur, le *statuliber* se trouve dans une situation juridique hybride, qui n'est déjà plus la condition de l'esclave? (Ulp. 2, 1-6).

L'affranchissement relève du droit public autant que du droit privé; car les effets de l'affranchissement s'analysent de la manière suivante : 1° l'esclave cesse d'être la propriété de son maître; cet effet se déduit directement de la volonté du maître et relève uniquement du droit privé; 2° l'esclave devient libre et citoyen romain; or les qualités d'homme libre et de citoyen ne sauraient être à la merci de la volonté d'un particulier, et en ceci les effets de l'affranchissement nous transportent dans le domaine du droit public. Rien d'étonnant, en conséquence, que les anciens modes d'affranchissement eussent requis le concours de l'autorité publique, et qu'ainsi, par le refus de ce concours, les abus d'affranchissement eussent pu être enrayés : la *manumissio censu* et la *manumissio vindicta* étaient rendues impossibles par un refus du magistrat compétent; l'assemblée populaire pouvait refuser son assentiment au testament. Enfin à ceci s'ajoute que, depuis 357 av. J.-C., l'impôt de 5 p. c., établi sur tout affranchissement, met un frein souvent efficace aux abus d'affranchissement.

L'affranchi est un citoyen de rang inférieur, désigné sous le nom de *libertinus*, pour le distinguer du citoyen né libre ou *ingenuus*. *Libertinus* désigne l'affranchi en soi et d'une manière absolue, tandis que le terme *libertus* désigne l'affranchi par rapport à son ancien maître : tout affranchi ou *libertinus* est le *libertus* de son ancien maître, auquel il est uni par un lien de dépendance (1).

En droit public, le *libertinus* n'a pas le *ius honorum*, et dans le domaine du droit privé il lui manque le *conubium* avec les *ingenui*. En outre, l'affranchi, devenant un client de son ancien maître, reste sous la dépendance de celui-ci, qui est son patron (*supra*, p. 18). Le lien de dépendance de l'affranchi est même resté assez étroit, à une époque où la clientèle était déjà une institution vieillie et dépourvue d'une réelle signification; car on remarquera que, sous les empereurs, les devoirs de l'affranchi envers le patron sont encore

(1) Mommsen, *Dr. publ.*, 6II, p. 4, n. 1.

catalogués avec précision sous les trois rubriques (*D*. 37, 15; 38, 1-2) : *obsequium* (déférence), *operae* (travaux ou services) (1) et *bona* (soutien d'ordre patrimonial).

Les droits du patronat ne s'éteignaient pas à la mort du patron : le bénéfice en passait aux descendants mâles du patron, fussent-ils même exhérédés (GAI. 3, 58). Quant à la condition d'affranchi ou *libertinitas*, il est probable qu'au début, elle se transmettait aussi de génération en génération. Mais cette rigueur dut s'atténuer de bonne heure; car le terme *libertinus* est réservé pour la désignation de l'esclave affranchi lui-même, et l'emploi de l'expression *libertini filius* semble bien indiquer que le fils de l'affranchi n'est plus lui-même dans la condition d'un *libertinus*. Selon la légende, Appius Claudius, censeur en 312 av. J.-C., aurait pour la première fois fait entrer au sénat des fils (ou peut-être seulement des petits-fils) d'esclaves affranchis (2). C'est donc que la *libertinitas* s'évanouissait alors dès la première génération, ou tout au moins ne la dépassait pas.

Procès relatifs à la liberté. — Un procès peut surgir au sujet soit de la propriété d'un esclave, soit de son état.

Quand deux chefs de famille se disputent la propriété d'un esclave, ils le font dans la forme ordinaire de la procédure qui sanctionne le droit de propriété (*vindicatio, contravindicatio*).

Quand la contestation porte sur l'état d'une personne qui, d'une part, est prétendue libre (*vindicatio in libertatem*) et, d'autre part, est prétendue esclave (*vindicatio in servitutem*), la procédure de cette contestation d'état présente les particularités suivantes : 1° celui dont l'état est contesté doit être laissé en état de liberté durant le procès : le magistrat a le devoir de *vindicias dicere secundum libertatem*, et, selon la légende, ce serait la transgression de cette règle par Appius Claudius, au sujet de la jeune phébéienne Virginie, qui aurait provoqué la chute des seconds décemvirs (POMPONIUS, *D*. 1, 2, 2§24); 2° le doute qui plane sur la liberté de celui dont l'état est contesté suffit à rendre celui-ci inapte à formuler personnellement sa *vindicatio* ou *contravindicatio in libertatem* : le proces n'est possible que s'il trouve un *adsertor libertatis* qui consente à le représenter en justice; 3° enfin cette contestation d'état, si

---

(1) Les expressions *operae officiales* et *operae fabriles* ne désignent pas des travaux de nature différente, comme on le croit souvent. Ce sont les mêmes travaux, qui sont qualifiés différemment, à raison de la condition différente de celui qui les accomplit : *operae officiales* = travaux des affranchis; *operae fabriles* = travaux des artisans. MITTEIS, *ZSSt.*, 1902, 143-158.

(2) MOMMSEN, *Dr. publ.*, 6II, p. 4, n. 2.

elle avait été tranchée contre la liberté, pouvait être recommencée autant de fois que l'esclave, qui persistait à se prétendre libre, trouvait de nouveaux *adsertores libertatis* (*quotienscumque vellet* : Cic. *de dom.* 29, 78).

CHAPITRE III

LE MARIAGE

Définition du mariage. — Le mariage est le fondement de la famille romaine : son but est d'assurer, par la perpétuation de la famille, l'exercice ininterrompu du culte des ancêtres. En conséquence, les Romains tiennent pour mariage légitime non pas toute union sexuelle monogamique formée *liberorum quaerendorum causa*, mais seulement l'union formée dans des conditions telles que les enfants qui en sont issus peuvent être associés au culte de la famille.

Comme la participation des enfants au culte de la famille est évidemment hors de doute, quand ils naissent de l'union du *paterfamilias* à une femme qui participe elle-même à la vie et au culte de la famille, les Romains ont réservé la qualification de mariage légitime à l'union monogamique établissant entre l'homme et la femme une communauté d'existence complète et durable, *communicatio divini et humani iuris* (Modestin, *D.* 23, 2, 1).

L'établissement du *consortium omnis vitae*, qui est de l'essence du mariage, implique la réunion de conditions de capacité et de conditions de forme.

Conubium. — Le *conubium*, ou capacité de contracter un *iustum matrimonium*, fait défaut avant tout aux hommes inaptes à engendrer et aux femmes inaptes à concevoir. Un ancien usage tient les femmes pour nubiles à partir de douze ans; quant aux hommes, l'appréciation de leur puberté est abandonnée au *paterfamilias* et c'est généralement vers l'âge de dix-sept ans que celui-ci les autorise à revêtir la toge virile. Le *conubium* n'existe pas non plus entre proches : le mariage est interdit entre parents jusqu'au sixième degré. Enfin le *conubium* n'existe pas entre patriciens et plébéiens (jusqu'au plébiscite Canuléien), ni entre Romains et étrangers (sauf s'il s'agit d'étrangers auxquels le *conubium* serait reconnu par un traité), ni entre ingénus et affranchis.

Pour ce qui est de la forme du mariage, il est vraisemblable qu'elle a consisté originairement dans le rapt de la femme par le mari. A l'époque historique, la forme du rapt a disparu pour faire place à la forme de l'achat (*coemptio*). Dans cette substitution de l'achat au rapt, la transition a été ménagée par une autre forme de mariage, l'*usus*, qui s'est conservée aux temps historiques.

Usus. — A un moment donné, le rapt n'a sans doute plus été considéré comme un procédé suffisant pour former un mariage; mais si la communauté de vie et de culte, établie entre le ravisseur et la femme enlevée, se maintient sans interruption pendant un an, l'union est légitimée par la consécration du temps : elle devient un mariage par l'effet de l'*usus*. Il semble bien que la fonction originaire de l'*usus* fut d'effacer ainsi, au bout d'un an, les vices de forme d'un mariage irrégulièrement formé. Les XII Tables indiquent même un moyen d'empêcher qu'une union conjugale soit de la sorte légalisée par l'usage : ce moyen consiste à éloigner la femme de la maison du mari durant trois nuits, au cours de l'année, *usurpatio trinoctii* (Gai. 1, 111).

Coemptio. — Un autre procédé s'est offert de bonne heure pour légaliser sans délai l'union conjugale formée par rapt : c'est l'entrée en composition du ravisseur avec le père ou le tuteur de la femme enlevée. Ceci nous conduit à la formation du mariage par achat ; car en vérité il n'y a qu'une nuance entre un prix d'achat de la femme et une composition payée pour échapper à la vengeance privée du *paterfamilias* offensé par le rapt. A l'époque historique, l'achat ou *coemptio*, en tant que mode de formation du mariage, n'est plus qu'un achat fictif ou *mancipatio nummo uno* (Gai. 1, 114).

Confarreatio. — A côté de l'*usus* et de la *coemptio*, l'ancien droit romain connaissait un mode religieux de formation du mariage, la *confarreatio*. Celle-ci consiste dans l'offrande à Jupiter d'un *panis farreus*, accompagnée de *verba certa et solemnia*, devant dix témoins, le *pontifex maximus* et le *flamen dialis*. Forme aristocratique du mariage, réservée aux patriciens, la *confarreatio* était requise pour le *rex sacrorum* et les *flamines*, en ce sens que non seulement ceux-ci ne pouvaient contracter mariage que dans cette forme, mais qu'en outre ils devaient être issus de pareil mariage (Gai. 1, 112-113).

Le mariage formé par l'un des trois procédés indiqués (*usus*, *coemptio*, *confarreatio*) soumettait la femme à la *manus mariti*.

Mariage sine manu. — Cependant il vint un temps où le mariage fut possible sans que la femme tombât sous la puissance du mari (*filiae loco*) ou du *paterfamilias* du mari (*neptis loco*). Impossible de préciser quand et comment surgit la distinction entre le mariage *cum in manum conventione* et le mariage *sine manu*. Mais, selon toute vraisemblance, le mariage *sine manu* apparut d'abord comme une union tolérée dans les cas où, à défaut de *conubium*, un mariage légitime n'était pas possible, c'est-à-dire notamment entre patricien et plébéien, jusqu'à la *lex Canuleia*.

Le *conubium* n'existait pas entre patricien et plébéien parce qu'une communauté complète d'existence était impossible entre eux : il était inconcevable qu'une plébéienne pût être associée comme *materfamilias* au culte domestique d'une famille patricienne. Ainsi manquait-il à toute union conjugale entre patricien et plébéien (jusqu'au plébiscite Canuléien) l'une des conditions essentielles et fondamentales de tout mariage légitime; et cette lacune n'était point comblée quand bien même l'union se fût maintenue sans interruption pendant plus d'une année; car l'*usus* avait la vertu d'effacer les vices de forme d'une union conjugale formée sans *confarreatio* ni *coemptio*; mais il était impuissant à parfaire le mariage de personnes entre lesquelles l'absence de *conubium* rendait un légitime mariage impossible.

L'union entre personnes privées du *conubium*, parce qu'elle n'associait pas la femme au culte domestique du mari, n'accueillait pas la femme dans la famille agnatique du mari, ne la soumettait pas à la *manus mariti* : ce mariage était sans *manus*, parce que la *manus* y était impossible. Mais à un moment donné il parut sans doute avantageux de donner la possibilité de former pareil mariage sans *manus* entre personnes qui avaient le *conubium* et qui auraient pu par conséquent conclure un mariage avec *manus*. C'est, semble-t-il, pour rendre ceci possible que les XII Tables ont imaginé l'*usurpatio trinoctii* de l'*usus*. Car, entre personnes ayant le *conubium*, toutes les imperfections du mariage auraient été effacées par l'*usus*, au bout d'un an, et le mariage eût été dès lors *cum manu*. Désormais, pour qu'il reste *sine manu*, il suffit de veiller à ce qu'il y ait chaque année une *usurpatio trinoctii*.

Une fois admise la possibilité d'un légitime mariage *sine in manum conventione*, on prend l'habitude d'analyser le mode de formation du mariage en général, en observant que, lorsque viennent s'y surajouter les procédés connus de l'*usus*, la *coemptio* ou la *confarreatio*, ceux-ci établissent par surcroît la *manus mariti*, qui a cessé d'être de l'essence de tout mariage légitime.

Consensus nuptialis. — Le mariage se forme par le seul consentement, sans aucune forme sacramentelle; mais il se distingue d'une union purement passagère par l'intention de fonder une famille. Cette intention de donner à l'union un caractère stable et permanent se déduira généralement des circonstances qui accompagnent la formation de l'union, et particulièrement de certains indices d'ordre économique, tel que la constitution d'une dot.

Les cérémonies usuelles qui précédaient et accompagnaient la formation d'un mariage sont bien connues. La conclusion du mariage était généralement précédée d'une promesse de mariage ou fiançailles (*sponsalia*) : c'était une promesse unilatérale faite par le père ou tuteur de la fiancée au fiancé, sous forme de *sponsio* (*eam in matrimonium datum iri*); de son côté, le fiancé faisait généralement à la fiancée un cadeau de fiançailles (*arrae sponsaliciae*). La célébration même du mariage s'accompagnait de cérémonies, en partie religieuses (prise d'auspices, offrande de sacrifices pour obtenir des dieux la fécondité du mariage), qui se terminaient par la conduite solennelle de la femme dans la maison du mari (*domum deductio*).

Mais toutes ces cérémonies usuelles n'avaient aucun caractère obligatoire. La seule chose essentielle, — que ces cérémonies, jointes à la présence vraisemblable d'un certain nombre de témoins, contribuaient assurément à attester, — c'est le *consensus nuptialis* : *consensus facit nuptias* (Ulp. *D.* 35, 1, 15). Si les futurs époux sont tous deux *sui iuris*, l'accord de volontés doit se produire entre le mari et le tuteur de la femme; si les futurs époux sont *alieni iuris*, c'est uniquement le consentement des deux chefs de famille qui est requis (*arg.* : Ulp. *D.* 23, 1, 12 *pr.*).

Conséquences patrimoniales du mariage. — Les effets du mariage, au point de vue patrimonial, diffèrent essentiellement, suivant que l'union a été formée avec ou sans *conventio in manum*.

Le mariage *cum in manum conventione*, en faisant passer la femme sous la puissance du mari, la dépouille de tous ses biens personnels, qui viennent se confondre dans le patrimoine du chef de famille. D'autre part, la femme, étant *filiae loco* ou *neptis loco*, aura, dans la succession du chef de famille décédé, les mêmes droits que ses propres enfants. Quand, au moment du mariage, la femme n'était point *sui iuris* et n'avait par conséquent aucun patrimoine personnel, un très ancien usage imposait au *paterfamilias* de la femme le devoir de doter celle-ci, c'est-à-dire de fournir au mari des avantages patrimoniaux (*dos*) en rapport avec la condition sociale des époux : les biens dotaux étaient définitivement acquis au mari et se confondaient avec ses biens personnels.

Dans le mariage *sine manu* il n'y a aucune raison pour que les biens de la femme soient absorbés par le patrimoine du mari. Aussi, dans ce mariage, l'usage de constituer une dot est général : si la femme est *sui iuris*, c'est elle-même (assistée de son tuteur) qui constitue la dot. Comme la formation du mariage *sine manu* n'est accompagnée obligatoirement d'aucune solennité déterminée, c'est en général la constitution de dot qui révèle ici le plus clairement l'*affectio maritalis* ou intention d'établir un *consortium omnis vitae*; aussi voit-on dans la constitution de dot l'indice extérieur qui distingue le plus sûrement un mariage *sine manu* d'un simple concubinat ou union de fait.

Dissolution du mariage. — Le mode normal de dissolution du mariage, c'est le décès de l'un des époux. Le survivant peut se remarier; mais si c'est la femme qui survit, une prescription, que la légende fait remonter à une loi de Numa, lui défend de convoler avant l'expiration de dix mois de deuil (*tempus lugendi*).

Pour ce qui est de la dissolution volontaire du mariage, il convient de distinguer entre le mariage *cum in manum conventione* et le mariage *sine manu*.

Dans le mariage *cum manu*, le chef de famille, c'est-à-dire le mari ou son *paterfamilias*, peut exclure de la famille la femme qui est *filiae loco* ou *neptis loco*. Pareille répudiation n'avait lieu, en réalité, que pour motifs graves et après consultation du *consilium propinquorum*. D'autre part, en vertu d'une règle ancienne qui, pour la création et la résolution d'un même rapport juridique, requiert des formalités correspondantes, les procédés de répudiation de la femme *in manu* devaient consister à accomplir en sens inverse des cérémonies symétriques à celles qui avaient servi à établir la *manus*. A la *confarreatio*, qui avait créé la *manus*, correspondait la *diffarreatio*, qui la dissolvait; et il va sans dire que les prêtres refusaient leur concours à cette cérémonie religieuse toutes les fois qu'il n'existait pas une cause de répudiation approuvée par le droit sacré. A la *coemptio* et à l'*usus*, qui avaient établi la *manus*, correspondait l'exclusion de la femme dans la forme d'une *remancipatio* faite par le chef de famille à un tiers, qui affranchissait ensuite la femme de la *causa mancipii*.

Quand la mariage est *sine manu*, les procédés de dissolution volontaire sont : ou bien le simple accord des volontés de ceux par le consentement desquels le mariage avait été formé (*divortium communi consensu*), ou bien la rupture ou répudiation (*repudium*) par la volonté d'une seule des parties dont le consentement avait formé le mariage, tant par la femme *sui iuris* ou le *paterfamilias* de la femme *alieni iuris*, que par le mari *sui iuris* ou le *paterfamilias* du mari *alieni iuris*. Ce droit, reconnu à chaque conjoint, de rompre le mariage à sa guise atteste que, dans les conceptions romaines, un mariage ne pouvait subsister que moyennant la persistance des éléments requis pour sa formation, notamment du *consensus*. Dans la réalité, il n'était point fait un usage abusif des procédés fort aisés de dissolution volontaire du mariage *sine manu*; car la religion et les mœurs n'admettaient le divorce ou la répudiation que dans des circonstances particulièrement graves, et un frein religieux ou moral suffit longtemps à enrayer les abus.

CHAPITRE IV

TUTELLE ET CURATELLE

Incapacité de droit et incapacité de fait. — L'*homo sui iuris* a seul la pleine personnalité juridique, puisque la condition de l'*alieni iuris* exclut la possibilité d'avoir un patrimoine propre.

Mais la capacité d'avoir des droits, ou capacité de droit, n'implique point par elle-même la capacité d'agir ou capacité de fait : les droits qui reposent sur la tête d'un *sui iuris* ne peuvent être mis en œuvre que moyennant la capacité d'agir.

La question de la capacité de fait se pose pour l'*alieni iuris* comme pour le *sui iuris*, avec cette différence, toutefois, que l'organisation de la famille met forcément la capacité de fait de l'*alieni iuris* au service de son *paterfamilias*, tandis que le *sui iuris*, doué de la capacité de fait, agit pour son propre compte.

De ceci il résulte que lorsque l'incapacité de fait atteint un *alieni iuris*, il est superflu d'y porter remède, puisqu'il n'est nullement indispensable que tous les *alieni iuris* soient en état de faire des actes juridiques pour le compte de leur *paterfamilias*. Par contre, lorsque c'est un *sui iuris* qui est frappé d'incapacité de fait, il convient de prendre des mesures pour la mise en œuvre des droits qui reposent sur sa tête, et ces mesures consistent à pourvoir d'un tuteur ou d'un curateur le *sui iuris* incapable d'agir.

La cause de l'incapacité de fait résidait dans le jeune âge, le sexe, la folie ou la prodigalité. Au temps des XII Tables, il existait, pour les diverses variétés de *sui iuris* incapables d'agir, deux tutelles (de l'impubère et de la femme) et deux curatelles (du *furiosus* et du prodigue).

Personnes sous tutelle. — L'impubère, c'est-à-dire l'homme qui n'a pas atteint la pleine maturité physique, est pourvu d'un tuteur, qui gardera à la famille le patrimoine de l'impubère *sui iuris* jusqu'au moment où ce dernier, devenu physiologiquement apte à fonder un foyer autonome, sera affranchi de la tutelle et obtiendra, en conséquence, la libre disposition de ses biens.

La femme, quel que soit son âge (à l'exception de la *virgo vestalis*), est semblablement pourvue d'un tuteur quand elle n'est pas sous puissance. Il ne suffit pas qu'elle soit devenue physiologiquement nubile pour être affranchie de la tutelle, mais il faut qu'elle contracte réellement mariage, car alors elle tombe sous la *manus mariti*.

Les jurisconsultes classiques justifieront l'incapacité de fait de la femme par un pur prétexte : *propter animi levitatem* (Gai. 1, 144), *propter infirmitatem sexus* (Ulp. 11, 1); mais dans le vieux droit national romain, la raison d'enlever aux femmes et aux impubères la libre disposition de leurs biens était avant tout le souci de conserver l'intégrité du patrimoine familial (*arg.* : Gai. 1, 165, 192).

Désignation du tuteur. — Lorsqu'un impubère ou une femme, deviennent *sui iuris* (normalement au décès de leur *paterfamilias*), ils sont pourvus d'un *tutor* (*tueri*), chargé de veiller pour eux à la conservation de leur part du patrimione familial. Ce tuteur sera la personne le plus directement intéressée à la conservation du patrimoine familial, à savoir l'*agnatus proximus impuberis vel mulieris*, ou héritier présomptif de l'incapable : ce sera, par exemple, le fils ou le frère du *paterfamilias* décédé; à défaut d'agnats, la tutelle appartenait aux *gentiles* (*tutela legitima*).

Par voie d'interprétation des XII Tables, la tutelle légitime des affranchis et des émancipés impubères ou du sexe féminin fut attribuée à leur patron (Gai. 1, 165; Ulp. 11, 3). Quand le *paterfamilias* eut le droit de tester à sa guise, la tutelle légitime de l'agnat le plus proche put être écartée par la volonté du *paterfamilias* désignant, dans son testament, un tuteur à sa femme et à ses enfants impubères, que son décès rendait *sui iuris* (*tutela testamentaria*) (Ulp. 11, 14).

Droits et devoirs du tuteur. — La tutelle engendre un rapport de puissance analogue à la *patria potestas* (*vis ac potestas in capite libero* : Servius, *D.* 26, 1, 1*pr.*). De même que le *paterfamilias* pouvait faire valoir sa puissance paternelle en justice par une *vindicatio in patriam potestatem*, de même le tuteur disposait probablement d'une *vindicatio tutelae* contre quiconque méconnaissait son droit de tutelle. D'ailleurs, la possibilité pour l'*agnatus proximus* de faire *in iure cessio* de la tutelle légitime (Ulp. 11, 6) témoigne clairement de ce que celle-ci était envisagée comme un droit. Toutefois, le droit de tutelle, qui confère au tuteur une *potestas* analogue à la *patria potestas*, ne sacrifie nullement les intérêts de l'incapable; car le souci de sauvegarder l'intérêt personnel du pupille, au regard des intérêts parfois opposés du tuteur, fit tempérer de bonne heure la *potestas* du tuteur.

Déjà les XII Tables avaient établi des sanctions rigoureuses contre le tuteur infidèle ou malhonnête (*tab.* VIII, 20) Le tuteur qui avait commis des malversations ou des soustractions aux dépens du pupille, s'il était tuteur testamentaire, était exposé à des poursuites publiques (*accusatio* ou *crimen suspecti tutoris*), qui appartiennent à tout le monde (*omnibus patere* : ULP. *D.* 26, 10, 1§6) et qui conduisent à l'application de peines (corporelles) rigoureuses (*arg.* : ULP. *D.* 26, 10, 1§8, 2). Quant au tuteur légitime infidèle, l'action, à laquelle il était exposé, était une action privée, donnée contre lui *in duplum*. Ainsi il était assimilé au *fur nec manifestus*, pour lequel les XII Tables proclamaient : *duplione damnum decidito* (*infra*, p. 81); seulement, comme à raison de sa *potestas*, le tuteur était, au regard des biens du pupille, *loco domini*, il ne pouvait proprement voler ce qui lui appartenait; aussi l'action au double, à laquelle il était exposé, ne pouvait être appelée *actio furti*; elle portait le nom de *actio rationibus distrahendis* (TRYPHONINUS, *D.* 26, 7, 55§1).

Fonction du tuteur. — Aussi longtemps que la tutelle est restée une *potestas* analogue à la puissance paternelle, la fonction du tuteur s'est exercée sur la personne et sur les biens du pupille.

La puissance du tuteur sur la personne du pupille ne se différenciait guère sans doute de la *patria potestas*, dont elle était le prolongement. Quant à la maîtrise du tuteur sur les biens du pupille, elle a dû cesser de bonne heure d'être identique à la maîtrise du *paterfamilias* sur les biens du foyer; car à la différence du *filius familias*, frappé d'une incapacité patrimoniale absolue, le pupille a des biens propres. Au sujet de ceux-ci, la fonction du tuteur apparaît donc sous l'aspect d'une gestion des affaires d'autrui. Seulement, dans cette gestion, le tuteur avait au début une liberté d'action presque complète : il disposait librement des biens du pupille, aussi librement que s'il en avait été personnellement maître (*domini loco*), sous la seule réserve qu'un détournement ou une autre fraude intéressée l'exposaient à de graves sanctions (*actio rationibus distrahendis*, *crimen suspecti tutoris*).

Curatelle du fou et du prodigue. — Les XII Tables envisageaient le *furiosus* comme atteint d'une incapacité de fait complète qu'il tenait de la nature, et tant que durait cette incapacité naturelle, il était sous la *potestas* de son *agnatus proximus* ou, à défaut d'agnats, de ses *gentiles*. *Si furiosus escit, ast ei custos nec escit, adgnatum gentiliumque in eo pecuniaque eius potestas esto* (CIC. *de inv.* 2, 50; *Tusc.* 3, 5, 11). Le *furiosus*, quand il n'avait plus ni *paterfamilias* ni tuteur (*custos*), avait donc un curateur légitime. La puissance de celui-ci s'étendait à la personne du *furiosus* et à sa *pecunia*, c'est-à-dire ses *res nec mancipi*. Ceci signifie que la puissance du curateur légitime du fou l'autorisait à disposer librement des biens les moins précieux (*pecunia*) du *furiosus*, mais qu'un acte de disposition de *res mancipi* (*familia*) était aussi impossible de la part du curateur que de la part du *furiosus* lui-même (1). Ultérieurement, l'*interpretatio* des XII Tables a étendu le pouvoir d'aliéner du *curator furiosi* à tous les biens indistinctement (*familia pecuniaque*) du fou.

Le prodigue, c'est-à-dire le *paterfamilias* qui dissipait ses biens, était mis par la loi des XII Tables *in curatione agnatorum* (ULP. 12, 2); car dans ce cas aussi il importait d'assurer la conservation du patrimoine familial, à l'intervention des principaux intéressés, c'est-à-dire l'*agnatus proximus* ou, à défaut d'agnats, les *gentiles*. Cependant nous ignorons comment était constatée la prodigalité, qui entraînait l'intervention d'office (*lege*) du curateur légitime.

Pour ce qui est des sanctions instituées contre le *curator furiosi prodigique* malhonnête, il est probable qu'elles furent imitées de celles que nous révèle le régime de la tutelle (*supra*, p. 53).

(1) MITTEIS, *RP.*, p. 81, n. 22; SOHM-MITTEIS-WENGER, p. 540.

LIVRE III
Le Patrimoine

GÉNÉRALITÉS — DIVISIONS

Notion du patrimoine. — Nous savons (*supra*, pp. 31 ss.), que tous les éléments (personnes et choses), groupés en une *domus* ou un foyer, sont dans la main (*manus*) d'un chef absolu ou *paterfamilias*, qui exprime sa maîtrise, uniformément absolue, par l'emploi du possessif : le *paterfamilias*, parce que juridiquement il personnifie seul le groupe familial, affirme fort exactement que tout ce qui appartient à la *domus* est sien.

Pour ce qui est de la maîtrise du *paterfamilias* sur les personnes libres, qui appartiennent au foyer, une différenciation s'est faite d'assez bonne heure entre la *manus mariti* et la *patria potestas*. Quant à la maîtrise du chef sur les choses (esclaves inclus), elle a persisté plus longtemps à être désignée par le seul possessif : *haec res mea est*; *hunc ego hominem meum esse aio* (GAI. 4, 16). Et il est vraisemblable que le mot *dominium*, qui désignera, à l'époque classique, la maîtrise de droit la plus étendue sur les choses, était encore ignoré à la fin de la période primitive que nous envisageons.

L'ensemble des choses, qu'un *paterfamilias* a en sa maîtrise, est désigné par l'expression *familia pecuniaque*, qui marque la distinction entre les *res mancipi* et les *res nec mancipi* (*infra*, p. 62) Pour nous, la *familia pecuniaque* d'un *paterfamilias*, c'est son patrimoine, c'est-à-dire sa sphère d'action sur les biens du monde extérieur.

Répartir entre des individualités autonomes (*patresfamilias*) la maîtrise sur l'ensemble des biens ou valeurs du monde extérieur, c'est en réalité armer chacun contre tout empiètement d'autrui sur un domaine réservé. Pareil système, en réglant l'ordre de préférence des prétentions de chacun aux biens, consacre l'existence de droits subjectifs (*supra*, pp. 7-8), qui sont dits droits patrimoniaux. L'ensemble des droits patrimoniaux d'un *paterfamilias* constitue son patrimoine.

Le mot patrimoine est donc employé pour désigner soit un ensemble de choses (*familia pecuniaque*) soit un ensemble de droits subjectifs. Cette confusion s'explique par la raison que des choses ne sont comprises dans notre patrimoine, que pour autant que nous émettions une prétention à ces choses; et pareille prétention, proclamée légitime et préférable aux prétentions concurrentes, n'est autre chose qu'un droit subjectif.

Définition des droits patrimoniaux. — La partie du droit objectif (*supra*, p. 7) qui règle l'ordre de préférence des prétentions individuelles au regard des choses est désignée, encore en droit classique, par l'expression « *ius quod ad res pertinet* » (Gai. 1, 8). Cette partie du droit objectif consacre l'existence de droits subjectifs, qui sont relatifs à des choses ou se rapportent à des choses : les droits patrimoniaux.

Il faut se garder de dire incorrectement (comme on le fait parfois) que les droits patrimoniaux ont pour objet des choses; car pareil langage ferait croire qu'un droit subjectif pourrait se constituer d'un simple rapport de personne à chose. Or, il est d'évidence qu'un droit subjectif ne peut se concevoir que comme un rapport de personne à personne : quand des prétentions concurrentes s'affrontent, la préférence est assurée à celle qui est émise par la personne qui est investie d'un droit subjectif à l'encontre des autres.

Les droits subjectifs (rapports de personne à personne), qui sont dits patrimoniaux parce qu'ils se rapportent à des biens ou valeurs, se présentent principalement (au début, exclusivement) sous l'aspect d'une maîtrise sur une chose, maîtrise réelle, dont le respect est imposé à autrui : pareille maîtrise (rapport de personne à chose) ne devient un droit subjectif que pour autant que la prétention du maître à la chose qu'il tient soit préférée à des prétentions concurrentes à la même chose (rapport de personne à personne).

Les divers droits patrimoniaux. —Nous verrons que c'est de la maîtrise exercée effectivement par l'homme sur le monde extérieur que sont sortis historiquement les droits patrimoniaux. Parmi les aspects que ceux-ci ont pris originairement, on peut faire les distinctions suivantes :

1° Ou bien c'est la prétention à la maîtrise exclusive d'une chose, qui est consacrée et élevée ainsi au rang d'un droit subjectif, le droit de *propriété*;

2° Ou bien c'est la prétention à une maîtrise réduite et subalterne d'un immeuble, qui est consacrée et élevée au rang de droit subjectif de *servitude*;

3° Ou bien, enfin, la maîtrise sur un homme libre, exercée pour obtenir, grâce à cette contrainte, un avantage ou profit dans les biens, est érigée en un droit subjectif patrimonial : le droit d'*obligation*.

CHAPITRE PREMIER

LA PROPRIÉTÉ

Formation de la notion de propriété. — Au début, il n'y avait que la maîtrise effective d'une personne sur une chose, par exemple la maîtrise de chacun sur les vêtements et les armes qu'il porte, c'est-à-dire sur des choses qui sont comme adhérentes à la personne, *quae ossibus inhaerent*, selon une expression que certains jurisconsultes modernes étendent à tous les meubles indistinctement. Tant que la maîtrise restait effective, l'idée ne surgissait pas qu'elle pût recéler un droit. Mais que la chose vienne à être dérobée à la maîtrise effective, et il naîtra immédiatement, chez le maître dépouillé, le sentiment d'un droit subjectif à la maîtrise : ce sera proprement la transgression du droit (*furtum rei*), qui fera naître la notion même du droit. Un exemple de processus analogue, dans un tout autre domaine, nous est donné par Westrup (1) : « C'est visiblement la mort, dit-il, qui a d'abord fait naître l'idée de l'âme : l'idée de l'âme est venue du dernier souffle qui, en s'échappant du corps, en détache l'âme du mort. »

L'antériorité historique du délit de *furtum* à la notion du droit subjectif de propriété nous montrera clairement comment il est arrivé que le droit de propriété ou droit à la maîtrise s'est dégagé peu à peu de la maîtrise effective ou maîtrise de fait : vérité qui sera encore exprimée au Haut-Empire, dans le langage de l'époque, « *dominium rerum ex naturali possessione coepisse* » (Nerva, *D.* 41, 2, 1§1).

Celui qui était dépouillé contre son gré d'une maîtrise qu'il exerçait effectivement réagissait par le procédé de la vengeance privée : il s'emparait du *fur manifestus* et reprenait la chose dérobée. Au début, il n'y avait d'autre coupable que celui qui, saisi sur le fait, était réellement à la merci de la victime du *furtum*. De bonne heure, cependant, la notion du *fur manifestus* s'élargit : ce fut, outre le *fur in faciendo furto deprehensus*, même aussi le *fur eo loci rem perferrens quo destinaverat* (2) (Ulp., *D.* 47, 2, 3§2); et bientôt s'étendit le

(1) *La succession primitive devant l'histoire comparative*, Paris, 1928, pp. 20-21.

(2) L'application très ancienne de la justice privée à l'égard du *fur manifestus* est à rapprocher des applications de la justice privée que tolèrent encore le droit allemand et le droit suisse (*supra*, p. 4). Est-ce qu'aujourd'hui le volé, qui appréhende le voleur avec la chose volée, ne pourra pas parfois craindre légitimement qu'un dommage sérieux résulterait pour lui de la lenteur de la mise en œuvre des moyens légaux?

droit de la victime du *furtum* de faire des perquisitions pour retrouver la chose dérobée à sa maîtrise.

Les sources classiques nous révèlent une procédure archaïque et énigmatique (*ridicula*) de perquisition : *quaestio licio et lance* (Gai. 3, 192-193). Celui qui faisait la perquisition ne pouvait avoir d'autre vêtement qu'une ceinture ou pagne (*licium*) et devait tenir en main un plat ou plateau (*lanx*). Ultérieurement la perquisition se fait sans ces formalités, mais *testibus praesentibus* (Gai. 3, 186). Alors le tiers, chez lequel la chose dérobée est trouvée, s'il existe à sa charge des indices de culpabilité, est traité comme un *fur manifestus* et abandonné à la vengeance privée de la victime. Mais s'il n'existe pas d'indices de culpabilité de celui, chez qui la perquisition fait trouver la chose, celui-ci, *quamvis fur non sit* (Gai. 3, 186), est exposé à une action dite *actio concepti*, donnée au triple (1).

Voici donc, grâce à l'*actio concepti*, la victime d'un *furtum* armée contre un tiers-détenteur de la chose soustraite, en dehors de toute preuve ou d'indices de culpabilité de ce dernier. Ce tiers-détenteur non coupable subira la condamnation au triple dans l'*actio concepti*; mais il aura une action récursoire contre celui de qui il tenait la chose, l'*actio oblati*, donnée également au triple. Ainsi lorsque la perquisition fait retrouver la chose chez un détenteur contre lequel il n'y a pas d'indices de culpabilité, ce n'est pas le détenteur qui supportera en dernière analyse la peine du *furtum*, mais il pourra remonter d'un degré dans la détermination de celui qui supportera les conséquences du *furtum*, en prenant son recours par l'*actio oblati* contre son auteur. Ce sera donc ce dernier qui supportera la charge du paiement du triple (c'est-à-dire l'indemnité du *furtum* jointe à la peine du double frappant, dès les XII Tables, tout *furtum nec manifestum*). Or, dans une civilisation agricole primitive, à circulation peu accélérée des richesses, n'est-il pas infiniment vraisemblable que, en atteignant l'auteur du détenteur actuel non coupable, on aura frappé en réalité le coupable même?

La procédure complexe, constituée par la *quaestio licio et lance*, suivie de l'*actio concepti* et de l'action récursoire *oblati*, avait donc en somme un double résultat : 1° assurer satisfaction à celui qui a été dépouillé contre son gré, même quand la chose soustraite est passée aux mains d'un tiers non coupable; 2° atteindre en même temps aussi le coupable.

Dans le droit classique, deux procédures dissociées seront utilisées pour atteindre séparément chacun de ces deux buts : 1° la répression du *furtum* sera poursuivie par l'*actio furti*; 2° la satisfaction du pro-

---

(1) F. de Visscher, *Procédure d'enquête* lance et licio, *TVR*, 1925.

priétaire, privé contre son gré de la possession de sa chose, sera poursuivie par la *rei vindicatio*, sans aucun égard à une culpabilité de celui aux mains duquel se trouve la chose.

Ainsi s'est dégagée progressivement, de la procédure destinée à réprimer le *furtum*, une procédure autonome, qui permet de suivre la chose litigieuse, indépendamment de toute condition de culpabilité du défendeur qui la tient. Or, pareil droit de suite (qui était déjà consacré par les XII Tables) n'est autre chose que l'affirmation du droit subjectif du propriétaire, préférable à toute autre prétention à la maîtrise de la chose.

Propriété individuelle et propriété collective. — Le droit à la maîtrise exclusive de biens ou valeurs, ou droit subjectif de propriété, a été consacré de bonne heure à Rome au profit d'individualités isolées : la propriété reconnue au *paterfamilias* était une propriété individuelle. Seulement la structure de propriété individuelle déguisait ici en réalité un copropriété familiale; car on sait que tous les biens, placés en la maîtrise exclusive du *paterfamilias*, étaient destinés à subvenir aux besoins de la famille et devaient être conservés à celle-ci (à preuve, la curatelle légitime du *paterfamilias* prodigue); de sorte qu'ils n'étaient en vérité qu'en la propriété fiduciaire du chef de famille.

Evolution de la propriété. — Dans le système des XII Tables, la propriété des meubles n'est pas, en principe, différente de la propriété des immeubles, bien que certains indices permettent de croire que, à Rome, la propriété privée s'appliqua aux meubles avant de s'appliquer au sol. Par exemple le cérémonial de la *mancipatio*, qui implique que l'acquéreur saisisse la chose (*rem tenens*), a été imaginé sans doute pour des meubles et n'a pu être étendu aux immeubles qu'en subissant une certaine déformation.

Pour ce qui est du régime du sol, qui précéda chez les anciennes populations agricoles du Latium, la consécration définitive de la propriété privée foncière, on peut en tracer, selon les conjectures les plus vraisemblables, l'aperçu suivant :

Originairement, chaque *gens* formait une communauté agraire, attachée à un territoire déterminé. Ce territoire était divisé en trois parties, soumises chacune à un régime différent : 1° La portion sur laquelle s'élevaient les maisons entourées d'un enclos ou verger. Ceci constituait le bien familial, soumis à la maîtrise absolue du *paterfamilias*. La légende romaine sur l'origine de la propriété foncière rapporte que Romulus aurait donné à chaque père de famille, comme bien héréditaire (*heredium*), deux arpents de terre (Varron,

R. r., 1, 10, 2; Pline, *H. n.*, 18, 2, 7); or, ce petit coin de terre d'environ un demi-hectare, qui constituait un bien propre et héréditaire, c'était la maison et le verger; 2° Une portion composée de terres vagues, bois et pâturages, qui restait commune et dont la jouissance en commun par tous les foyers de la *gens* était réglée équitablement; 3° Enfin, le domaine arable de la *gens*, qui n'était pas cultivé en commun, mais divisé en lots, répartis entre les chefs de famille. Chacun de ceux-ci, avec l'aide des siens, cultive son lot, suivant un assolement déterminé et uniforme pour tous les lots. Périodiquement, il est procédé à un nouveau lotissement et à une nouvelle répartition du domaine arable entre les chefs de famille; de sorte que ce régime ménage la transition de la propriété collective à la propriété privée : dès que la jouissance de chaque lot sera assurée à perpétuité à chaque chef de famille, il y aura propriété privée. Cette transformation du domaine arable des *gentes* en terres privées était accomplie longtemps avant la loi des XII Tables. Elle conduisit tout naturellement à une répartition inégale du sol entre les particuliers et à la formation de domaines fonciers d'étendue différente. Les chefs de famille qui avaient un domaine trop vaste pour l'exploiter avec l'aide de leurs enfants et de leurs esclaves (alors peu nombreux) en faisaient exploiter l'excédent par des clients, à chacun desquels ils concédaient à précaire la jouissance d'une parcelle.

Une considération qui milite aussi en faveur de l'antériorité de la propriété mobilière, c'est que, par la nature des choses, la propriété mobilière s'adapte mieux que la propriété immobilière à la conception ancienne d'une maîtrise illimitée. Bien plus, grâce à la différence tracée par la nature entre le meuble et l'immeuble, la conception d'une maîtrise illimitée s'altère plus vite dans la propriété foncière que dans la propriété mobilière. Car la formule de la maîtrise illimitée sacrifie l'aspect social à l'aspect individuel de la propriété : elle ne se préoccupe nullement de ce qu'une maîtrise individuelle illimitée peut avoir de néfaste pour autrui ou d'antisocial. Or, tandis que la nature permet toujours de déplacer le meuble, qui gênerait autrui; par contre, l'immeuble — parcelle arbitrairement délimitée de l'ensemble du sol et immuablement fixée au même endroit — persistera à gêner les voisins, si l'on en réserve la maîtrise exclusive au propriétaire : en sorte que c'est pour la propriété foncière que nous voyons surgir d'abord l'idée de restrictions apportées à la maitrise absolue du propriétaire, dans l'intérêt des voisins ou du public en général.

Parmi les plus anciennes restrictions apportées par le droit romain au droit de propriété immobilière, on peut relever :

1° Dans l'intérêt des voisins : *a*) Le sol ne peut être ni labouré ni couvert de constructions, jusqu'à la limite extrême du terrain; chaque propriétaire doit laisser, à l'extrémité de son terrain, un espace libre de deux pieds et demi, de sorte que cette bordure, jointe à la bordure symétrique du voisin, forme un espace libre de cinq pieds (*ambitus, confinium*) entre les constructions et les champs labourés; le *confinium* donne la place pour faire tourner la charrue et les bœufs; l'*ambitus* est destiné à éviter la propagation des incendies dans les agglomérations (XII tab. 7, 1 et 4); *b*) le propriétaire d'un fonds rural doit souffrir que l'arbre du voisin surplombe son fonds, pourvu que ce soit à une hauteur de quinze pieds (XII tab., 7, 9); il doit aussi permettre au voisin de pénétrer chez lui pour y recueillir les fruits venant du fonds voisin (XII tab. 7, 10); *c*) le propriétaire ne peut, par des travaux effectués sur son immeuble, modifier l'écoulement naturel des eaux pluviales sur les champs voisins : il ne peut, par ses travaux, réunir les eaux pluviales répandues sur son fonds et les envoyer ainsi trop abondamment en un seul point du fonds voisin, ni endiguer son fonds, de façon soit à empêcher tout afflux des eaux pluviales venant du fonds voisin, soit à garder pour lui seul toutes les eaux pluviales répandues sur son propre fonds. Dans tous ces cas, le propriétaire qui souffre des modifications à l'écoulement naturel des eaux pluviales, a contre son voisin, auteur des travaux, une *actio aquae pluviae arcendae*, qui tend à la suppression des dits travaux (XII tab. 7, 8).

2° Dans l'intérêt public, on peut signaler notamment la restriction suivante apportée à la propriété foncière : les propriétaires riverains de la voie publique étaient, dans une certaine mesure, astreints à l'entretien de la route (XII tab. 7, 7).

Res extra commercium. — Parmi les choses du monde extérieur, il en est qui ne sont pas susceptibles d'entrer dans le patrimoine d'un particulier (*res extra commercium*). Ce sont :

1° Les *res nullius humani iuris*, qui sont de deux catégories, à savoir : les *res communes* ou choses soustraites par leur nature à toute appropriation privée, et les *res publicae* ou choses qui, parce qu'elles dépendent directement des pouvoirs publics, sont soumises exclusivement aux règles du droit public et échappent par conséquent à toute possibilité d'appropriation régie par le droit privé. Les choses communes à tous sont : *aer et aqua profluens et mare et per hoc litora maris* (*quatenus hibernus fluctus maximus excurrit*). Ces éléments mouvants, tant qu'ils restent en état de perpétuelle circulation, se soustraient d'eux-mêmes à toute maîtrise individuelle; mais il en est autrement d'une parcelle, qui serait prélevée sur l'élément mouvant et fixée en une substance nettement déterminée : rien ne s'oppose à la maîtrise individuelle d'un seau d'eau puisé dans l'eau courante ou la mer. Les choses publiques sont les cours d'eau, ports, routes, théâtres, stades, etc., qui sont directement affectés à l'usage public, et même aussi l'*ager publicus* et l'*aerarium*; car il suffit, pour qu'une chose soit dite publique, qu'elle dépende directement des pouvoirs publics et que son sort soit réglé souverainement par ceux-ci selon les préceptes du droit public. L'idée d'une appropriation privée des *res publicae* de la part des pouvoirs publics était inconcevable, parce qu'elle postulait une soumission des pouvoirs publics aux règles du droit privé. C'est tardivement que l'on envisagera la cité et même le *populus romanus* comme étant à certains égards une personne collective de droit privé, semblable aux personnes privées individuelles. Alors seulement le nom de *res publicae* sera réservé aux choses affectées à l'usage public (*in usu publico*) et soustraites, dans l'intérêt général, à toute appropriation privée, même de la part des pouvoirs publics; mais il y aura, à côté de ces *res publicae sensu stricto*, des choses appartenant, selon les règles du droit privé, à la Cité ou au Populus, considérés comme des personnes morales (domaine privé);

2º Les *res nullius divini iuris*, ou choses consacrées aux dieux, parmi lesquelles on distingue : les *res sacrae*, consacrées aux dieux supérieurs (temples et matériel du culte); les *res religiosae*, consacrées aux dieux inférieurs (sépultures), et les *res sanctae*, placées sous l'égide des dieux à raison de leur importance particulière (portes et murs des villes, bornes des champs).

Res mancipi, res nec mancipi. — Parmi les *res in commercio*, il a été fait très anciennement une distinction entre les *res mancipi* et les *res nec mancipi* (*supra*, pp. 31, 55), distinction qui ne sera formellement supprimée que par Justinien en 531 (C. 7, 31, 1§5).

Nous savons quelles étaient les *res mancipi*, grâce à une énumération d'Ulpien (19, 1) : *mancipi res sunt praedia in Italico solo, tam rustica, qualis est fundus, quam urbana, qualis domus; item iura praediorum rusticorum, velut via iter actus aquaeductus; item servi et quadrupedes, quae dorso collove domantur, velut boves muli equi asini. Ceterae res nec mancipi sunt.* Il résulte de cette énumération que les *res mancipi* étaient des choses particulièrement précieuses pour l'ancien paysan romain : c'était l'élément fondamental et le plus stable (*familia*) de son patrimoine (*familia pecuniaque*).

Le plus ancien mode solennel d'acquisition de la propriété romaine, la *mancipatio*, a toujours été réservé aux seules *res mancipi* (*manci-*

patio = *mancipium*; en conséquence *res mancipii* = chose susceptible de *mancipatio*). Il fut un temps où vraisemblablement on ne pouvait affirmer une chose sienne, selon le droit des Quirites, qu'en se réclamant d'une *mancipatio*. Alors la *vindicatio* et la *contravindicatio*, dans lesquelles s'affirmait la prétention contradictoire de ceux qui se disputaient la propriété civile romaine, ne se concevaient que pour des *res mancipi*. Ceci a fait croire que la propriété civile romaine aurait été réservée, au début, aux seules *res mancipi*, pour n'être appliquée qu'ultérieurement aux *res nec mancipi*. Peut-être serait-il plus exact de dire que, dans l'évolution qui a fait sortir de la maîtrise effective un droit à la maîtrise (*supra*, pp. 57 ss.), les *res mancipi* ont précédé les *res nec mancipi* : il y eut une période transitoire où, pour les *res nec mancipi*, la maîtrise effective comptait seule ou était encore seule prise en considération; tandis que, pour les *res mancipi*, était déjà consacrée l'existence d'une maîtrise de droit, susceptible d'être affirmée, grâce à une *mancipatio* et indépendamment de toute maîtrise effective actuelle.

Ceci, bien entendu, n'est qu'une conjecture. Aux temps historiques, la propriété civile romaine s'applique aux *res nec mancipi* comme aux *res mancipi*. La seule portée pratique qu'a conservée la distinction de ces choses, c'est que les modes d'acquisition de la propriété sont différents pour chacune de ces catégories de choses.

Mancipatio (1). — Le plus ancien mode d'acquisition de la propriété romaine consistait sans doute au début (si l'on s'en réfère à l'étymologie : *manu capere*) en une appropriation purement matérielle d'une chose. Sous cet aspect, la *mancipatio* nous reporte à l'époque où le droit subjectif à la maîtrise d'une chose ne se concevait pas encore sans exercice effectif d'une maîtrise de fait sur cette chose. Aux temps historiques et jusqu'en droit classique, la *mancipatio* apparaît sous un tout autre aspect; elle est devenue un acte solennel de transfert de la propriété, décrit comme suit par les classiques (Gai. 1, 119; Ulp. 19, 3-6).

Pour accomplir cet acte solennel, il faut l'intervention des deux intéressés (aliénateur et acquéreur), de cinq témoins, citoyens romains pubères, et d'un sixième personnage réunissant les mêmes conditions, appelé *libripens*, parce qu'il tient une balance. L'acquéreur, tenant en main la chose à acquérir, prononce les paroles suivantes : *Hanc ego rem ex iure Quiritium meam esse aio eaque mihi*

(1) Sur la *mancipatio*, consulter les observations récentes de Gerhart Husserl, *ZSSt.*, 1930, pp. 478-486.

empta esto hoc aere aeneaque libra; puis il remet à l'aliénateur un lingot de cuivre, dont il a frappé la balance tenue par le *libripens*.

Comment peut-on se représenter la transformation de l'ancien acte d'appropriation unilatérale (*manu capere*) en l'acte bilatéral de transfert conventionnel de la propriété (aliénation *per aes et libram*)?

Aussi longtemps que les paysans romains vivaient sous le régime des échanges, —quand *unusquisque secundum necessitatem temporum ac rerum utilibus inutilia permutabat* (Paul., *D.* 18, 1, 1*pr.*), — il ne pouvait être question d'employer l'*aes rude aeneaque libra* pour réaliser le troc d'une chose contre une autre. Alors la *mancipatio* se réduisait assurément à une mainmise effective (*manu capere*), accompagnée de l'affirmation : *hanc ego rem ex iure Quiritium meam esse aio*. Seulement, pour faire un troc ou échange, il fallait procéder à une double *mancipatio* ainsi conçue; et la combinaison des mancipations réciproques donnait à l'opération le caractère d'une opération bilatérale, d'un transfert conventionnel et réciproque de propriété, alors que chaque mainmise envisagée isolément conserve pourtant l'aspect d'une appropriation unilatérale.

A l'apparition de la monnaie métallique, commune mesure des valeurs, la vente sort de l'échange. Alors, pour la vente, différenciée de l'échange, l'opération, qui se constituait de deux mancipations (*manu capere*) réciproques, s'unifie et se transforme en la *mancipatio per aes et libram*, telle qu'elle nous est décrite par les classiques. On remarquera d'ailleurs que deux mancipations distinctes, dont l'une aurait pour objet la *pecunia* payée par l'acheteur, seraient inconcevables, puisque la *pecunia* est *res nec mancipi*.

L'intervention de témoins dans la *mancipatio* remonte très haut; le nombre de cinq était plutôt un minimum qu'un chiffre fixe. Les témoins intervenaient, non pas pour donner à la *mancipatio* le caractère d'un acte public, mais uniquement pour donner plus de sécurité à l'acquéreur : leur fonction est d'assurer la preuve de l'opération en cas de contestation et aussi de garantir par leur intervention le droit de disposition de l'aliénateur; pour cette raison, les témoins étaient généralement choisis parmi les voisins, qui avaient une connaissance suffisante de la situation de l'aliénateur.

Aes, *libra* et *libripens* sont des éléments ajoutés au cérémonial de la *mancipatio* à l'appartition de la monnaie métallique. Celle-ci a été d'abord le cuivre brut (*aes rude*), qui devait se peser et dont la pureté devait se vérifier (de là peut-être l'usage de frapper la balance avec le morceau de métal, pour vérifier au son la sincérité du métal). Ensuite à l'*aes rude* succéda l'*aes signatum*, c'est-à-dire le lingot de cuivre frappé par l'Etat d'une empreinte, garantissant la sincérité du métal mais non le poids du lingot; en sorte que la monnaie continua à devoir être pesée (*pendere* = payer). Les pièces de monnaie fondues et frappées par l'Etat sur un modèle uniforme n'apparaissent qu'après la fin de notre période. C'est environ 330 ans av. J.-C. qu'on s'accorde à placer l'apparition des pièces de monnaie de cuivre; tandis qu'on la faisait remonter naguère jusqu'à la date traditionnelle des XII Tables, c'est-à-dire 450 ans av. J.-C. Quand il y aura des pièces de monnaie qui se comptent (*numerare pecuniam*) et ne se pèsent plus, la pesée, qui se conservera dans le cérémonial de la *mancipatio*, sera devenue purement fictive.

Jusqu'alors il y avait eu pesée réelle de l'*aes rude* ou de l'*aes signatum*, et la formule prononcée par l'acquéreur était l'expression exacte de la réalité : *eaque mihi empta esto hoc aere aeneaque libra*. Mais cette affirmation ne fut plus l'expression de la vérité, lorsque l'introduction des pièces de monnaie rendit la pesée purement fictive : ce n'était plus par le métal pesé, que la chose était acquise, mais c'était par la monnaie comptée par l'acquéreur. Or le paiement des pièces de monnaie comptées par l'acquéreur n'était pas un élément du cérémonial de la *mancipatio*.

Cependant l'usage s'introduisit d'insérer, dans les paroles prononcées par l'acquéreur, l'indication du prix moyennant lequel l'acquisition avait lieu : *emptus mihi esto pretio* (Paul., *fragm. vat.* 50); *emptus mihi esto sesterliis tot* (*sexcentis denariis*, dans la *mancipatio* d'un jeune esclave, de l'an 142 apr. J.-C. : Girard, *Text.* p. 849). Cette déclaration ou *nuncupatio* prononcée dans la *mancipatio* faisait loi pour les parties : *cum nexum faciet mancipiumque, uti lingua nuncupassit ita ius esto* (XII tab. 6,1). La propriété n'était donc acquise que dans les termes de la *nuncupatio*, c'est-à-dire moyennant le paiement du prix déclaré. L'acquéreur pouvait aussi ne mentionner dans la *nuncupatio* qu'un prix purement fictif (*mancipatio sestertio nummo uno*) et ne plus faire par conséquent qu'un simulacre d'achat ou *imaginaria venditio*.

Maintenant que la balance n'a plus qu'une fonction purement symbolique dans l'opération, c'est la *nuncupatio*, qui remplit l'ancienne fonction de la pesée; car c'est désormais dans les termes de la *nuncupatio* que la propriété est acquise.

On voit comment le cérémonial de la *mancipatio* s'est transformé sous l'action de l'évolution économique (monétaire) et sociale. Ce cérémonial qui, dès l'introduction de la monnaie métallique, n'était autre chose, en somme, que la réalisation d'une vente au comptant, pouvait, en dernière analyse, être utilisé pour tout transfert de propriété d'une *res mancipi*; aussi bien pour un transfert à titre gratuit (*mancipatio donationis causa* : exemples dans Girard,

Text. pp. 829 ss.) ou à un titre fiduciaire (*mancipatio fidei fiduciae causa* : *Ibidem*, pp. 823 ss.) ou à tout autre titre (*mancipatio dotis causa*, etc.), que pour un transfert à titre de vente.

Tant que la *mancipatio* était la réalisation effective d'une vente au comptant, l'acquéreur seul prononçait des paroles dans l'opération : il affirmait son acquisition en tenant la chose, et l'opération ne pouvait même s'appliquer à plus de choses qu'il n'était possible de tenir en une fois : *non plures res quam quot manu capi possunt* (ULP.19,6). Une *nuncupatio*, dans ce cas, pouvait assurément émaner de l'acquéreur pour préciser la portée de l'opération. Gaius (3,167) nous en donne un exemple : un esclave commun, qui entend acquérir à l'un seulement de ses maîtres, fera dans la *mancipatio* la déclaration suivante : *Hanc rem ex iure Quiritium L. Titii domini mei esse aio eaque ei empta esto hoc aere aeneaque libra.*

Mais quand la *mancipatio* put se présenter sous l'aspect d'une *imaginaria venditio sestertio nummo uno*, dont la portée exacte était précisée dans une *nuncupatio*, celle-ci pouvait émaner sans doute tant du *mancipio dans* que du *mancipio accipiens*; le *mancipio dans* pouvait dicter la loi de son aliénation, en en définissant la portée précise, *uti lingua nuncupassit ita ius esto*. Exemple : dans la donation de Syntrophus, du IIe ou IIIe siècle apr. J.-C., le donateur, faisant *mancipatio nummo uno*, dicte la loi de sa libéralité dans une *nuncupatio*, introduite ainsi : *Syntrophus, priusquam hortulos liberto suo mancipio daret, testatus est se in hanc condicionem mancipare, ut infra scriptum est...* (GIRARD, *Text.* pp. 831-833).

Actio auctoritatis. — L'effet de la *mancipatio* était avant tout de procurer au *mancipio accipiens* la maîtrise, qui résultait du *manu capere*. Cependant, dès que la propriété devint une maîtrise de droit indépendante de toute maîtrise de fait, c'est-à-dire qu'un droit de suite fut reconnu au propriétaire, le *manu capere* du *mancipio accipiens* le laissait exposé au risque de se voir disputer par un tiers la maîtrise exclusive qu'il croyait avoir acquise par la *mancipatio*. Quand ceci se produisait : à la *vindicatio*, dans laquelle le tiers affirmait la chose sienne, « *hanc ego rem ex iure Quiritium meam esse aio* », le *mancipio accipiens* opposait une *contravindicatio* conçue semblablement, *eadem similiter dicebat* (GAI.4,16). Comme cette dernière affirmation n'était que la répétition textuelle de l'affirmation contenue dans la *mancipatio* même (GAI.1,119), il était fort naturel que le *mancipio accipiens* fit appel à celui qui l'avait autorisé à formuler pareille affirmation, c'est-à-dire au *mancipio dans*. Ce dernier avait à fournir son appui (*auctoritas*) au *mancipio accipiens*, qui était fondé à avoir foi en la sincérité de la *mancipatio*, où il avait pu affirmer, sans opposition, que la chose lui était acquise par le cuivre et la balance « *eaque mihi empta esto hoc aere aeneaque libra* ».

Si l'appui du *mancipio dans* est donné en vain ou est refusé et que le *mancipio accipiens* soit évincé de la chose, l'*actio auctoritatis* est donnée à ce dernier, pour obtenir du *mancipio dans* la restitution du prix au double; car il apparaît que, en recevant un prix pour la chose évincée, le *mancipio dans* avait commis un délit semblable au *furtum* (du prix), frappé de la peine du double (Gai. 3, 190). Dès lors la *mancipatio*, quand elle avait lieu *sestertio nummo uno*, faisait échapper en fait le *mancipio dans* à l'*actio auctoritatis* : c'était une aliénation sans garantie.

In iure cessio. — A l'époque où, pour les *res nec mancipi* aussi, la maîtrise de droit (ou propriété avec droit de suite) s'est dégagée de la maîtrise de fait (ou *possessio naturalis*), a surgi aux côtés de la *mancipatio* un nouveau mode civil d'acquisition, l'*in iure cessio*, applicable tant aux *res nec mancipi* qu'aux *res mancipi*. Ici, l'acquisition de la propriété n'est pas, comme dans le cérémonial de la *mancipatio*, rattachée à une vente réelle ou imaginaire : l'acquisition de la propriété est présentée d'une manière abstraite, indépendamment de toute cause concrète ou de tout titre spécial d'acquisition.

L'*in iure cessio* a lieu devant le magistrat judiciaire, accomplissant un acte de juridiction gracieuse ou non-contentieuse. L'acquéreur ou *vindicans* saisit la chose, en prononçant les paroles de la *vindicatio* : *Hanc ego rem ex iure Quiritium meam esse aio*. L'aliénateur ou *in iure cedens*, bien qu'interpellé par le magistrat, s'abstient de prononcer une *contravindicatio*. Alors, à raison de ce silence de l'*in iure cedens*, le magistrat proclame que la chose appartient à l'acquéreur : *tunc ei qui vindicaverit, eam rem addicit* (Gai. 2, 24; Ulp. 19, 9-11).

Traditio. — La tradition d'une chose, ou déplacement de la maîtrise effective par le transfert matériel de la chose d'une personne à une autre, a été pratiquée de tout temps. C'est seulement quand la maîtrise de droit s'est dégagée de la maîtrise de fait, que des formes sacramentelles ont été requises pour l'établissement de la maîtrise de droit. Ce phénomène de dissociation s'est produit d'abord pour les *res mancipi* et a fait naître la *mancipatio*, mode d'acquisition qui leur est resté réservé. Lorsque, ultérieurement, pour les *res nec mancipi* aussi, on conçut un droit à la maîtrise, indépendant de toute maîtrise effective actuelle, l'*in iure cessio* pouvait assurément être utilisée pour l'acquisition de ce droit. Mais les formalités de l'*in iure cessio* ont dû paraître fort complexes pour l'acquisition de toutes ces choses, moins précieuses et plus mobiles, qu'étaient les *res nec mancipi* (petit bétail : moutons, chèvres, porcs, etc.). Aussi préférait-on se contenter de faire tradition des *res nec mancipi*, comme au temps où il n'était tenu compte que de la seule maîtrise effective; de sorte que, aux temps historiques où les *res nec mancipi* pouvaient faire l'objet d'un droit de propriété, celui-ci s'acquérait par simple tradition : la *traditio* remplissait, pour l'acquisition des *res nec mancipi*, la même fonction que la *mancipatio*, pour l'acquisition des *res mancipi* (Gai. 2, 18, 19, 22; Ulp. 19, 3, 7).

Usus auctoritas. — Quand une maîtrise effective avait été établie, sans observer les formes requises pour l'acquisition de la maîtrise de droit, le temps pouvait consacrer la transformation de cette maîtrise de fait en une maîtrise de droit. Les XII Tables, confirmant une vieille coutume, proclamaient : *usus auctoritas fundi biennium est, ceterarum rerum annuus est usus* (Cic. *Top.* 4, 23; Gai. 2, 42, 54). Ceci signifie que l'usage (c'est-à-dire la maîtrise effective), qui se serait prolongé deux ans pour un fonds de terre ou un an pour toute autre chose, vaut l'*auctoritas* ou appui dû par le *mancipio dans*. Quiconque a conservé sans interruption l'usage d'une chose pendant deux ans ou un an n'a plus à s'abriter sous l'*auctoritas* d'un garant : la consécration du temps a fait qu'il est devenu son propre garant. Tout appui ou soutien externe est devenu inutile, parce que l'*auctoritas*, née du temps, s'est adjointe à l'*usus* ou maîtrise effective : ainsi la maîtrise de fait se trouve transformée, par l'effet du temps, en maîtrise de droit. Toutefois, cette consolidation de l'*usus* prolongé ne se produisait qu'au profit des citoyens; car pour les étrangers, l'*usus*, si prolongé soit-il, ne vaut jamais *auctoritas* : *adversus hostem aeterna auctoritas esto*.

L'*usus auctoritas* des XII Tables ne s'appliquait peut-être qu'aux *res mancipi*; car on sait qu'il n'était question d'*auctoritas* et d'*actio auctoritatis* qu'à la suite d'une *mancipatio*, mode d'acquisition réservé aux *res mancipi*. Quant aux *res nec mancipi*, il est possible qu'elles soient restées, assez longtemps encore, soumises à un régime analogue à celui que l'article 2279 du Code civil français formule pour les meubles : « En fait de meubles, la possession vaut titre ». Ceci revient à dire que, pour les *res nec mancipi*, on aurait persisté plus longtemps à n'avoir égard qu'à la maîtrise effective; et par là s'expliquerait que la *traditio*, plus solidement ancrée dans la pratique, se soit conservée ici comme mode d'acquisition de la maîtrise de droit elle-même.

La conjecture, selon laquelle l'*usus auctoritas* n'aurait été appliqué, au début, qu'aux seules *res mancipi*, trouve quelque appui dans un rapprochement d'une prescription des XII Tables et d'une prescription d'une loi Atinia (du dernier siècle av. J.-C. : environ soixante ans av. J.-C.). La catégorie des *res furtivae* étant soustraite par les XII Tables à l'*usus auctoritas* (GAI. 2, 45, 49), la *lex Atinia* proclame à son tour : *quod subruptum erit, eius rei aeterna auctoritas esto* (AULUGELLE, 17, 7 ; PAUL, *D.* 41, 3, 4§6). Cette répétition ne s'expliquerait-elle pas très naturellement si les *res furtivae*, exclues de l'*usus auctoritas* par les XII Tables, avaient été uniquement des *res mancipi*? Alors la *lex Atinia* aurait étendu le système des XII Tables à une catégorie de choses, les *res nec mancipi*, qui étaient devenues dans l'intervalle susceptibles d'*usus auctoritas* (ou d'*usucapio*, comme diront les classiques). N'oublions pas d'ailleurs que la notion fort large du *furtum* embrassait toute appropriation contre le gré du maître, et que par conséquent il était malaisé de concevoir qu'un autre que le maître légitime pût avoir l'*usus* d'une chose, qui n'aurait pas fait antérieurement l'objet d'un *furtum*. En interdisant l'*usus auctoritas* de toutes les choses atteintes du vice du furtivité, il semblerait donc que les XII Tables auraient rendu pratiquement illusoire l'*usus auctoritas* même. Or cette objection s'évanouit si on réserve l'application de l'*usus auctoritas* aux seules *res mancipi* ; car ici on conçoit très bien que, sans qu'une chose soit furtive, l'*usus* ou maîtrise de fait soit acquis par simple tradition par exemple : alors le vice de forme de l'acquisition (*traditio* au lieu de *mancipatio*) sera lavé par l'*usus auctoritas*, pourvu que la chose ne soit pas furtive. Au temps de la loi Atinia, l'*usus auctoritas* sera soumis à de nombreuses conditions restrictives, inconnues au temps des XII Tables et parmi lesquelles s'insérera très naturellement la non-furtivité de la chose.

Enfin les *res mancipi* d'une femme sous tutelle agnatique sont soustraites à l'*usus auctoritas* par les XII Tables, et Gaius (2, 47) répète cette prohibition, en la limitant encore aux seules *res mancipi*. N'y a-t-il pas là une survivance du temps où l'*usus auctoritas* ne se concevait pas, appliqué aux *res nec mancipi*, et où par conséquent il n'y avait pas lieu d'enrayer son application à certains groupes spéciaux de *res nec mancipi* (celles des pupilles par exemple)?

CHAPITRE II

LES SERVITUDES

Notion de la servitude. — A côté des restrictions légales à la propriété foncière, apparaissent de bonne heure des restrictions apportées volontairement à la propriété foncière par le propriétaire même et désignées sous le nom de servitudes.

Les servitudes se sont distinguées et différenciées de la propriété foncière par une évolution qu'on peut se représenter assez aisément. Quand un propriétaire foncier dispose d'un chemin, un aqueduc ou un égout, qui traversent un fonds voisin, il désigne sa maîtrise en disant : « Ce chemin, cet aqueduc ou cet égout est à moi » ; exactement comme le propriétaire du fonds dit : « Ce fonds est mien ». Ce langage n'exprime encore aucune différence entre le droit de propriété et le droit de servitude. Mais quand on s'élève un peu au-dessus de cette conception populaire par trop simpliste, et qu'on envisage la servitude dans les rapports qu'elle établit entre le titulaire de la servitude et le propriétaire de l'immeuble asservi, la servitude prend l'aspect d'un droit fort différent de la propriété. De ce point de vue la servitude apparaît sous l'aspect d'un démembrement de la propriété ou d'une diminution de la maîtrise du propriétaire sur sa chose, qui, dans une certaine mesure, est asservie à autrui ou sert les intérêts d'autrui (*res servit*). Quand une chose est asservie, la propriété de cette chose n'est plus intacte : il y a, en face de la maîtrise du propriétaire et diminuant celle-ci, une maîtrise indépendante s'exerçant d'une manière constante, même sans la volonté ou contre la volonté du propriétaire.

Servitudes rustiques. — Les servitudes, ou asservissements de choses d'autrui, sont d'origine plus récente que le droit de propriété. Celles qu'on rencontre le plus anciennement à Rome sont établies sur des immeubles et au profit d'immeubles : certaines utilités d'un immeuble sont mises au service des intérêts d'un autre immeuble. Le passage est pris sur un champ pour aller cultiver le champ voisin (*iter*), ou pour mener les troupeaux paître sur le pâturage voisin (*actus*), ou pour conduire l'eau sur le champ voisin (*aquaeductus*) ; de l'eau est puisée dans un immeuble pour les besoins d'un immeuble voisin (*aquae haustus*). Ce sont là les anciennes servitudes rustiques ou servitudes établies pour les besoins de *praedia rustica*. Il y eut aussi d'ancienne date des servitudes dont la création fut provoquée par les besoins de constructions ou *praedia urbana* ;

la plus ancienne de ces servitudes urbaines est assurément la servitude d'égout (*servitus cloacae immittendae*), dont l'origine est rattachée généralement à la reconstruction de Rome après 390 av. J.-C.

Point d'irruption de la servitude. — La caractéristique des servitudes (*iura praediorum*) réside en ce qu'elles diminuent ou altèrent la propriété d'un immeuble (*praedium serviens*), pour donner satisfaction aux besoins d'un autre immeuble (*praedium dominans*). La nécessité de mettre ainsi un immeuble au service des intérêts d'un autre immeuble, a dû apparaître dès le moment où le sol a été divisé en propriétés distinctes; car il arrivera fatalement alors, que certaines parcelles ne pourront se suffire à elles-mêmes et devront obtenir certains services ou certaines utilités des parcelles voisines. Les servitudes remontent donc à l'époque de la transformation de la propriété commune du sol en propriété individuelle; on pourrait peut-être y voir des survivances individuelles de l'ancienne jouissance en commun du sol. Rappelons d'ailleurs que la notion de servitude ne s'est différenciée que lentement de la notion de propriété, et ajoutons maintenant que le régime juridique des servitudes est resté semblable au régime de la propriété.

Acquisition des servitudes. — Les servitudes rustiques, c'est-à-dire les seules servitudes jusqu'à la reconstruction de Rome en 390 av. J.-C., sont rangées parmi les *res mancipi*. Les servitudes s'acquièrent, comme la propriété, par *mancipatio*, ou *in iure cessio*, ou *usus*.

Sanction de la servitude. — Le droit de servitude, comme le droit de propriété, est sanctionné par une action, qui se meut dans les formes de la *vindicatio*. De même que la propriété se dispute judiciairement dans une *vindicatio rei*, la contestation judiciaire d'une servitude se présente sous l'aspect d'une *vindicatio iuris*. Ici, les antagonistes formulent la *vindicatio* et la *contravindicatio* dans les termes suivants : celui qui prétend à un passage au profit de son fonds affirmera « *aio mihi ius esse eundi agendi* », et celui qui conteste que son fonds soit ainsi asservi, affirmera « *nego tibi ius esse eundi agendi* ».

Extinction de la servitude. — La servitude s'éteint par *confusio*, quand la propriété du *praedium serviens* et la propriété du *praedium dominans* sont réunies dans la main d'un seul. Elle s'éteint aussi par l'effet d'un *non-usus* prolongé durant le délai de deux ans.

CHAPITRE III

L'OBLIGATION

Différence entre l'obligation et la propriété. — L'obligation est une institution juridique qui apparaît plus tardivement que la propriété; car l'obligation implique une idée de confiance ou de crédit, qui est étrangère aux civilisations primitives. Tant qu'un droit subjectif ne se conçoit que sous la forme d'une maîtrise effective et actuelle, l'idée de crédit reste étrangère au droit. Alors les relations d'affaires donnent lieu à des opérations au comptant, c'est-à-dire réalisées sur le champ (telle l'ancienne *mancipatio*), et non encore à des opérations à crédit, c'est-à-dire des opérations dont la réalisation serait différée parce que l'un des intéressés, le *creditor*, fait confiance à l'autre. Ce crédit ou cette confiance ne sera accordé d'abord que contre établissement au profit du *creditor* d'une maîtrise effective sur quelqu'un ou sur quelque chose. Ainsi il arrivera que la notion de l'obligation sortira de la conception de maîtrise effective, tout comme il se forme au sein de cette même conception une différenciation entre la *manus*, la *patria potestas*, la *dominica potestas* et le *dominium*. L'obligation apparaîtra donc comme le résultat d'une différenciation, qui s'est opérée assez tardivement parmi les divers aspects de la maîtrise de l'homme sur le monde extérieur.

Notion de l'obligation. — L'obligation est un droit subjectif, c'est-à-dire un rapport de personne à personne, qu'on peut caractériser par son contenu. Ce rapport contient à la fois : 1° Une prétention du sujet actif ou créancier à une satisfaction qu'aura à lui procurer normalement le sujet passif ou débiteur; 2° Une maîtrise du sujet actif sur quelqu'un ou quelque chose, normalement sur la personne du sujet passif.

Dans la propriété, le sujet du droit réunit aussi en sa personne une prétention et une maîtrise; mais ici ces deux éléments se confondent ou se couvrent exactement. Car la prétention, que le propriétaire émet à l'encontre de tout le monde, est précisément et uniquement la prétention au respect de sa maîtrise. Il n'y a donc pas d'intérêt à distinguer, dans la propriété, la maîtrise du propriétaire d'avec sa prétention au respect de cette maîtrise, sans pourtant perdre de vue que la propriété n'est un droit qu'à raison de la prétention qu'elle implique pour le propriétaire de faire respecter sa maîtrise par tout le monde.

Dans l'obligation, la maîtrise et la prétention du sujet actif ou créancier se différencient nettement : il n'y a plus ici une maîtrise et une prétention au respect de cette maîtrise; mais il y a une maîtrise et une prétention, qui ont chacune un objet différent : 1° La prétention du sujet actif a pour objet une satisfaction à lui procurer par une prestation qu'accomplira soit le sujet passif, soit un tiers; 2° La maîtrise du sujet actif a pour objet soit une chose (*res obligata* : Ulp. *D.* 20, 1, 10), soit une personne; et celle-ci peut être un tiers (*obses*) aussi bien que le sujet passif lui-même. La raison d'être de la maîtrise reconnue au créancier n'est pas uniquement (comme c'est le cas de la maîtrise du propriétaire) d'assurer son respect par autrui; mais c'est plutôt d'appuyer ou fortifier la prétention du créancier en assurant mieux la satisfaction que celui-ci attend. En conséquence, dès qu'il est donné satisfaction à la prétention du créancier, la maîtrise de celui-ci, dépouillée de toute raison d'être, s'évanouit.

Le mot « prétention », que nous employons ici, n'a pas acquis dans notre langage la valeur d'un terme juridique technique; mais il est assez usuel dans le langage courant, pour qu'on saisisse sans peine ce qu'il faut entendre par la prétention d'un propriétaire ou d'un créancier.

Pour exprimer l'idée de la prétention qu'implique tout droit subjectif, les Allemands ont essayé de créer un terme juridique technique « *Anspruch* »; mais cette terminologie n'est pas très heureuse, parce qu'on a malencontreusement incorporé à la notion d'*Anspruch*, l'idée de contrainte extérieure. Ceci a rendu presque incompréhensible la distinction de l'*Anspruch* d'avec l'action en justice (1). Pour nous, la possibilité d'une contrainte extérieure reste étrangère à la notion de prétention. Le créancier, avant de réaliser sa maîtrise, avait à affirmer sa prétention en ces termes énergiques : *aio te mihi dare oportere* (Valerius Probus, dans Girard, *Text.* p. 216); c'est-à-dire simplement : J'entends que tu me donnes. Ce qui égare et contribue à obscurcir l'analyse de la notion de l'obligation, c'est qu'on est porté à croire que le mot *oportere* évoquerait nécessairement l'idée d'une contrainte extérieure. Or, il faut se garder de cette exagération qui consisterait à exclure l'emploi du mot *oportere* pour désigner un impératif, qui serait dicté par la voix de la conscience sans être en même temps imposé par les voies de fait d'une contrainte physique (2).

---

(1) Sur la notion de l'*Anspruch* : *Studi* Bonfante, III, pp. 37-40 et les références.

(2) Consulter sur ce point, par exemple : A. Hagerström, *Der römische Obligationsbegriff*, Upsala, 1927, pp. 531 ss., 593 ss., où il est montré que *oportere* est employé pour désigner aussi bien une nécessité théorique (c'est-à-dire avec contrainte purement interne) qu'une nécessité pratique (c'est-à-dire avec contrainte extérieure).

La prétention et la maîtrise du créancier, qui se combinent dans la notion de l'obligation, y sont si étroitement unies, qu'elles semblent confondues dans les définitions classiques et postclassiques de l'obligation.

Paul (*D.* 44, 7, 3*pr.*) : *obligationum substantia in eo consistit ut alium nobis obstringat ad dandum aliquid vel faciendum vel praestandum.*

Justinien (*J.* 3, 13*pr.*); *obligatio est iuris vinculum, quo necessitate adstringimur alicuius solvendae rei secundum nostrae civitatis iura.*

On relève cependant aisément, dans ces définitions, les termes qui se réfèrent à la maîtrise du créancier (*alium nobis obstringere, — necessitate adstringi, — vinculum iuris*), et ceux qui se réfèrent à sa prétention et à l'objet de celle-ci (*aliquam solvere rem, — dare aliquid vel facere vel praestare*).

Les éléments de l'obligation : devoir et engagement. — Précisons la définition de chacun des deux facteurs qui se dégagent de l'analyse de la notion de l'obligation juridique. Nous les désignons par les termes « devoir » et « engagement ».

1° Le mot « devoir » est pris ici dans l'acception la plus large. Il désigne simplement le futur; il exprime l'emprise sur l'avenir qu'implique toute obligation. Le devoir reporte dans l'avenir une action ou omission. C'est parce que l'obligation emporte un devoir ainsi entendu, qu'elle recèle toujours l'idée de crédit ou de confiance, exprimée dans le nom même du *creditor* : celui-ci ne bénéficie pas d'une réalisation immédiate, mais se contente de prétendre à une réalisation future; quant au débiteur, le devoir qui lui incombe lui dicte une règle d'action pour l'avenir, sans que cet impératif purement interne implique en soi aucune idée de nécessité ou de contrainte extérieure.

Le devoir, que contient toute obligation, peut s'envisager sous deux aspects : du point de vue du créancier, qui doit recevoir ou avoir, et du point de vue du débiteur, qui doit prester ou fournir. Entre ces deux aspects du devoir, c'est le premier, exprimé dans la prétention du créancier, qui a la prééminence; car pour que le devoir s'éteigne, il n'est nullement indispensable que le débiteur accomplisse le devoir qui lui incombait; tandis qu'il est indispensable qu'il soit donné satisfaction à la prétention du créancier, fût-ce à l'insu ou même contre le gré du débiteur : *solvendo quisque pro alio, licet invito et ignorante, liberat eum* (Gai. *D.* 3, 5, 38 (39); 46, 3, 53; *J.* 3, 29*pr.*).

Pour désigner le facteur devoir, on pourrait songer à utiliser le mot « dette » et son équivalent latin *debitum*, bien que ce dernier terme n'apparaisse qu'assez tardivement dans le langage des

Romains; car il est incontestable que le mot *debitum* ou dette évoque l'idée de devoir. Mais cette terminologie serait dangereuse, parce qu'on s'est trop habitué à ne désigner sous le nom de *debitum* ou dette que le devoir envisagé du seul point de vue du débiteur; encore que l'article 536 du Code civil français, en employant l'expression « dettes actives », atteste que le mot « dette » a pu désigner le devoir envisagé indistinctement du point de vue du créancier ou du point de vue du débiteur.

Le devoir a pour objet une prestation, à laquelle prétend le créancier. En conséquence, l'extinction du devoir résultera de la satisfaction obtenue par le créancier, quand il aura reçu ce qu'il importe qu'il reçoive. A l'idée de devoir correspond l'idée de satisfaction : quand le créancier a reçu ce qu'il devait recevoir, il en a été fait assez (*satisfacere*) soit par le débiteur, soit par un tiers, et la dette est éteinte par la *satisfaction*.

2° Le facteur « devoir » n'épuise pas la notion de l'obligation juridique. Il s'y joint un autre facteur, qui a pour objet, non plus une prestation à accomplir, mais directement la personne du débiteur (*obligatus*) ou d'un tiers (*obses*) ou même une chose (*res obligata*). C'est à cet élément de toute obligation que se réfère le terme *vinculum* ou lien, employé traditionnellement pour définir le rapport qui unit le sujet passif au sujet actif dans l'obligation. Nous désignons sous le nom d' « engagement » ce facteur d'enchaînement de tout obligé ; l'assujettissement de celui-ci à la maîtrise du créancier.

Le mot « engagement » est pris ici dans le sens littéral de oppignération. *Oppignerare*, c'est *pignerare* ou empoigner; et le préfixe *ob*, dans *oppigneratio* comme dans *obligatio*, se réfère à la cause pour laquelle on est empoigné ou lié (1). L'engagement ou oppignération livre la personne ou la chose engagée à la maîtrise du créancier, laquelle se réalise en empoignant ce qui est engagé. La cause ou la fin (*ob*) de la maîtrise, qui permet d'empoigner, est étrangère à la maîtrise même : dans l'obligation, la fin de l'engagement est de consolider le devoir que l'obligation implique; l'engagement constitue un gage (l'idée de gage est formellement exprimée dans le mot engagement) de la satisfaction à laquelle prétend le créancier.

---

(1) Sur le sens du préfixe *ob* : Huvelin, dans *Mél. Appleton*, p. 407, note 4. Sur le terme *oppignerare* : **NRHD.**, 1913, p. 584, note 3, p. 589, note 6. Sans doute, la racine de *pignus* (*peig-pig* « fixer ») est différente de la racine de *pugnus* (*peug-pug* « piquer »); mais ces racines étant parallèles, il n'est pas interdit de croire à l'existence d'un rapport peut-être préhistorique entre elles; de sorte qu'il n'est tout de même pas téméraire de mettre à la base de la notion d'oppignération l'acte d'empoigner. (Indications étymologiques extraites d'une obligeante communication de M. le professeur Emile Boisacq.)

De même qu'à l'idée de devoir correspond l'idée de l'extinction de l'obligation par *satisfactio* procurée au créancier, de même à l'idée d'engagement correspond l'idée de l'extinction de l'obligation par un dégagement de l'obligé : *solutio* = dénouement.

Rapport entre le devoir et l'engagement. — La définition classique et postclassique de l'obligation soude l'un à l'autre les deux éléments, devoir et engagement, dans les propositions suivantes : *alium nobis obstringi ad dandum aliquid vel faciendum vel praestandum*; — *necessitate adstringi alicuius solvendae rei.* Cette fusion des deux éléments de l'obligation a conservé son expression dans notre langage usuel; car nous disons couramment que le débiteur s'engage à prester, au lieu de dire plus correctement (en faisant l'analyse de la notion d'obligation) : que le débiteur promet de prester et qu'il engage sa personne pour assurer l'exécution de sa promesse.

La nature du rapport étroit établi entre le devoir et l'engagement ressort assez clairement de la terminologie adoptée pour exprimer l'extinction normale de l'obligation par la satisfaction donnée au créancier. Le terme *solutio* se réfère uniquement au dénouement de l'engagement; mais comme ce dénouement résulte normalement de la satisfaction procurée au créancier par l'accomplissement du devoir, c'est ce seul procédé de dénouement qui a continué à être désigné par le mot *solutio*. Notre mot « payer » vient de *pacare* (pacifier) et se réfère donc directement au dégagement de l'obligé (tout comme le mot *solvere*); seulement *pacare* contient en plus une allusion au procédé employé pour dégager l'obligé : ce procédé consiste à apaiser le créancier, c'est-à-dire à lui donner satisfaction.

Ainsi l'on constate que si le mot *solutio* exprime étymologiquement l'idée seule d'un dénouement ou dégagement, le mot *pacare* ou payer exprime implicitement la combinaison suivante de deux idées qui correspondent aux deux éléments de toute obligation : *pacare* ou payer, c'est satisfaire le créancier ou éteindre le devoir, pour amener le créancier à faire la paix en dénouant les liens dans lesquels il tenait l'obligé. Ceci caractérise le rapport qui, dans l'obligation, unit le devoir et l'engagement : en droit classique, on ne peut pas dire que l'un de ces facteurs aille sans l'autre ni non plus que l'un prévale sur l'autre; mais selon que c'est le devoir ou l'engagement qui surgira en premier lieu, on verra : soit dans l'engagement le gage de l'accomplissement du devoir, soit dans le devoir la rançon du dégagement.

Analyse de l'obligation en droit comparé. — La distinction des deux éléments qui, unis, constituent l'obligation du droit classique, a été faite par les historiens des institutions juridiques dans bien d'autres systèmes juridiques que le romain. C'est en droit romain que la distinction a été signalée en premier lieu, en 1874, par Brinz; mais son étude a été beaucoup plus poussée dans le droit germanique, où *Schuld* désigne le devoir, et *Haftung*, l'engagement. Dans le droit grec, τὸ χρέος correspondait au devoir et ὁ δεσμός, à l'engagement. Dans le droit babylonien et le droit assyrien la distinction se révélait également (1).

La terminologie romaine a conservé de nombreuses traces de la distinction des deux facteurs : devoir et engagement. Rappelons un seul exemple : *satisfactio* se réfère au seul devoir, et *solutio* au seul engagement; et ceci fait dire à Ulpien (*D.* 46,3, 52), après la soudure des deux facteurs de l'obligation, *satisfactio pro solutione est.* On pourrait croire que les anciens Romains employaient le mot *debitum* pour désigner le devoir; mais c'est peu vraisemblable; car ce mot *debitum* se rencontre pour la première fois chez Cicéron (2) et ne devient usuel chez les Prudents que depuis Javolène, qui se place à l'intersection du Ier et du IIe siècle de notre ère. D'autre part on serait facilement porté à choisir le mot *obligatio* pour désigner l'engagement; mais on sait que rapidement l'usage a été définitivement consacré de désigner par le mot *obligatio* l'ensemble du rapport juridique, formé par l'union des deux facteurs, devoir et engagement; dès lors, n'est-il pas évident que la clarté ne pourrait gagner à l'emploi d'un même mot pour désigner le tout et la partie?

Confessons donc notre ignorance de l'ancienne terminologie romaine, et résignons-nous à employer, pour exprimer des idées qui ne furent certainement pas étrangères aux anciens Romains, des termes précis de notre langage moderne : devoir et engagement.

L'acte illicite ou délit. — Nous savons (*supra*, pp. 57 ss.) comment la répression du *furtum* a conduit à la consécration d'un droit subjectif de propriété *erga omnes*. Le droit d'obligation est sorti, lui aussi, du système de répression des délits ou actes illicites.

Qu'est-ce qu'un délit ou acte, tenu pour illicite parce qu'il est injuste?

Aux yeux des anciens Grecs et Romains (3), la vie de chacun

---

(1) Références dans : *Mél. Girard*, I, p. 199, note 1. — Adde : *Bull. cl. lettres Acad. de Belg.*, 1924, pp. 12-23.

(2) Koschaker, *ZSSt.*, 1916, p. 351.

(3) Paul Huvelin, *Annales internationales d'histoire*, 1901, pp. 6 ss.; réimprimé dans : *Dr. comm.*, pp. 219 ss.

était faite d'une trame de biens et de maux, tissée par le Destin (*fatum*). La répartition fatale des biens et des maux crée l'état de parfait équilibre social, qui correspond à l'idée de justice. Quiconque fausse à son profit cette répartition fatale commet donc une injustice, c'est-à-dire un acte illicite (1).

Les réactions que provoquera l'acte illicite tendront à rétablir l'équilibre fatal, en infligeant au coupable un mal symétrique à celui qu'il avait causé à autrui : œil pour œil, dent pour dent. C'est avant tout de la puissance surnaturelle des dieux qu'on attendra le rétablissement de l'équilibre rompu ; mais il est fort naturel aussi que les principaux intéressés, c'est-à-dire les victimes du délit, aient le souci de stimuler le zèle des dieux à corriger l'injustice. Des *devotiones* ou imprécations seront adressées aux dieux pour vouer à leur discrétion (*consecratio*) ceux qui avaient faussé aux dépens d'autrui l'équilibre de la distribution fatale des biens et des maux. Puis, après s'être assuré ainsi l'aide des dieux, la victime de l'injustice se chargeait elle-même de rétablir l'équilibre par le procédé du talion : elle exerçait sous cette forme sa vengeance privée, destinée à rétablir l'équilibre, c'est-à-dire la justice.

Ainsi se conçoit comment la « vengeance privée » a pu se confondre, au début, avec la « justice privée ». L'idée de vengeance n'était-elle pas associée encore à l'idée de justice, dans la conception de la Némésis grecque, qui symbolisait l'équilibre de la distribution fatale des biens et des maux ?

Délits publics et délits privés. — Quand l'acte illicite d'un particulier rompt l'équilibre aux dépens de la collectivité sociale, c'est la collectivité même qui, victime de l'injustice, s'emploiera par l'organe de ses délégués ou magistrats à rétablir l'équilibre en appliquant le talion. Ici les pouvoirs publics ne statuent pas impartialement, comme un juge, entre deux adversaires qui leur seraient également étrangers. Ils se défendent pour effacer l'injustice dont la communauté a été victime. Et l'on sait que l'idée de défendre la société contre les dangers auxquels l'exposent les criminels se retrouve à la base des doctrines criminologiques les plus récentes.

C'est dans le système de la défense de la collectivité contre les

(1) Sur l'idée de la justice, considérée comme un donné, qui correspond à l'état d'équilibre parfait (à ne pas confondre avec l'état d'égalité parfaite), consulter aussi : Félix Senn, *De la justice et du droit. Explication de la définition traditionnelle de la justice*. Paris, Sirey, 1927.

injustices des particuliers que se trouve l'origine du régime des délits publics, connu des Romains depuis les temps les plus reculés. Le meurtre, par exemple, était d'ancienne date, à Rome, considéré comme un acte qui menaçait directement la communauté politique elle-même et que les pouvoirs publics avaient à réprimer par une procédure pénale publique. Il en était ainsi tout au moins du meurtre d'un *paterfamilias*. La plus ancienne règle relative à ce meurtre est attribuée à Numa : *si qui hominem liberum dolo sciens morti duit, paricidas esto* (Festus, v° *parrici*). On propose aujourd'hui de donner à cette maxime la signification suivante : que le meurtrier soit également ou pareillement mis à mort (1). Si cette interprétation devait être admise, les pouvoirs publics auraient eu à appliquer ici la loi du talion.

Lorsque l'injustice ou rupture d'équilibre se produit de particulier à particulier, alors aussi c'est à la victime de l'injustice qu'il appartient de rétablir l'équilibre par le procédé du talion : elle exercera ainsi sa vengeance privée avec l'aide des dieux, et par ce moyen elle rétablira la juste répartition qu'avait faussée le coupable; sa vengeance servira à faire justice. De ce système-ci est sorti le régime des délits privés romains.

Formation de l'obligation sous le régime des compositions. — La perpétration d'un délit privé déclanche l'exercice de l'auto-justice ou justice privée, de la part de la victime. Celle-ci, ayant saisi le délinquant sur le fait, pousse des cris, pour provoquer le contrôle de ses proches et de ses voisins : elle se livre à une *endoploratio* ou *conclamatio* (*endoplorare, hoc est conclamare ut aliqui audiant et conveniant* : Cic. *pro Tull.* 21, 50; Gai. *D.* 9, 2, 4§1). Puis, s'étant assuré l'appui des dieux par ses imprécations ou *devotiones*, la victime exercera sa vengeance privée dans toute sa rigueur; de sorte qu'elle pourra aller jusqu'à mettre à mort le délinquant quand elle sentira sa propre vie en danger. C'est ainsi que les sources du droit classique autorisent encore la mise à mort immédiate du *fur noctu deprehensus* et du *fur qui se telo defendit* (Sources réunies par Bruns, *Fontes*, sous les XII Tables : 8,13).

Le délit privé, en mettant le délinquant à la merci de la victime, crée directement un engagement de la personne du délinquant au pouvoir de la victime. Mais dans la conscience du délinquant s'éveillera aussi le sentiment du devoir, qui lui incombe, de rétablir

---

(1) Sur la discussion de cette question entre Arangio-Ruiz, de Visscher, Lenel et Meylan, consulter : Bonfante, *Hist.*, I, p. 229, n. 42; J. Juncker, *ZSSt.*, 1929, pp. 593-613.

l'équilibre rompu ou la justice faussée ; car pour avoir altéré à son profit l'équilibre de la distribution fatale des biens et des maux, il se sent exposé aux représailles du destin. En conséquence, le délinquant, pris sur le fait, sera disposé à faire le sacrifice nécessaire au rétablissement de l'équilibre : il entrera en composition avec sa victime, c'est-à-dire qu'il s'appliquera spontanément le talion en indemnisant la victime. Ainsi se forma le système de la vengeance privée, tempérée par la composition volontaire.

Dans ce système, le devoir et l'engagement sont à ce point distincts qu'ils naissent de deux causes différentes : l'engagement de la personne du délinquant naît directement de la perpétration du délit; tandis que le devoir d'amender le tort causé naît de la convention de composition.

Cette situation s'est modifiée quand les compositions sont devenues légales. Sous le régime des compositions légales, la loi fixe elle-même, pour chaque délit, l'indemnité, dont la victime devra se contenter et que le délinquant aura le devoir de payer. Ici le devoir d'amender le tort causé, au lieu de résulter d'un accord des intéressés, est devenu, aux termes de la loi, la conséquence directe de la perpétration même du délit. Maintenant le facteur engagement et le facteur devoir apparaissent juxtaposés et issus tous deux d'une seule et même cause : la perpétration du délit. On remarque en outre qu'une interversion s'est produite dans l'ordre où se placent les deux facteurs de l'obligation : dans le système de la vengeance privée et des compositions volontaires, le facteur engagement de la personne surgissait le premier et le facteur devoir ne prenait corps qu'ultérieurement, dans un accord qui prêtait à l'objet du devoir l'aspect d'une rançon de la libération du délinquant engagé; par contre, dans le système des compositions légales, c'est le devoir de composer qui est mis à l'avant plan par la loi, et l'engagement de la personne du délinquant n'apparaît plus que comme un moyen d'assurer l'accomplissement du devoir de composer.

Les délits privés des XII Tables. — Dans la loi des XII Tables, le régime des compositions légales n'a pas encore supplanté, pour les délits privés, le régime des compositions volontaires.

Les délits privés, dont s'occupent les XII Tables, peuvent être réunis en deux groupes : atteintes illicites à la personne et atteintes illicites aux biens.

Les délits contre la personne, qui seront réunis plus tard sous le nom générique de *iniuria*, étaient encore, dans les XII Tables, des faits limitativement énumérés. C'étaient : 1° l'*os fractum* ou fracture d'un membre; 2° le *membrum ruptum* ou blessure sans os brisé, c'est-à-dire toutes les variétés de blessures plus ou moins graves sans fracture; 3° les *iniuriae*, désignant des violences légères qui ne laissent pas de traces matérielles (soufflets par exemple) et qui sont par conséquent « plus injurieuses que matériellement lésives (1) ». Pour le *membrum ruptum*, il y a encore vengeance privée et faculté de composer : *si membrum rupsit, ni cum eo pacit, talio esto* (Festus, v° *talionis*). Dans les autres cas, la composition est légale : pour la fracture d'un os, 300 as ou 150 as, selon que la victime est libre ou esclave; pour les violences légères, 25 as (Gai. 3, 223; Paul. 5, 4, 6).

Les délits contre les biens consistaient dans l'appropriation illicite de choses appartenant à autrui. Le nom de *furtum* sera donné à ce délit, qui englobera, en droit classique, les trois variétés modernes : vol, abus de confiance, escroquerie. Selon les XII Tables, le *fur manifestus*, c'est-à-dire pris sur le fait, est à la discrétion de la victime, qui peut exercer sur lui sa vengeance privée. La loi se borne ici à réglementer quelque peu l'exercice de la vengeance privée : le *fur nocturnus* et le *fur qui se telo defendit* peuvent être mis à mort sur-le-champ; dans tous les autres cas, il vaut mieux saisir (*adprehendere*) que tuer (*occidere*) le *fur manifestus* (Gai. *D.* 9, 2, 4§1; Ulp. *D.* 9, 2, 5pr.; *Coll.* 7, 3, 2-3); celui-ci sera alors attribué par le magistrat (*addictio*) à la victime, qui l'aura ainsi régulièrement à sa merci (Gai. 3, 189). Il va sans dire que toujours le *fur manifestus* échappera à l'exercice de la vengeance ainsi organisée, s'il réussit à composer avec la victime : *pro fure damnum decidere* (Ulp. *D.* 13, 1, 7pr.). *De furto pacisci lex permittit* (Ulp. *D.* 2, 14, 7§14).

Si le *fur manifestus* restait soumis au régime des compositions volontaires, par contre le *fur nec manifestus* était déjà soumis par les XII Tables au régime des compositions légales. La composition était fixée pour lui au double du préjudice causé : *duplione damnum decidito*. (Aulugelle, 11, 18, 15; Gai. 3, 190.)

Le *fur nec manifestus* était celui qui, sans être pris sur le fait, avait commis une *subreptio rei alienae*, c'est-à-dire avait réussi à dérober la chose d'autrui en la déplaçant (*amovere*). Pour qu'il y ait *furtum*, une *subreptio* était indispensable, et l'on ne se contentait pas encore d'une *contrectatio*, c'est-à-dire d'un simple contact corporel (sans déplacement), qui serait établi ou maintenu contre le gré du propriétaire (escroquerie ou abus de confiance). La preuve du *furtum* se déduisait de la circonstance extérieure du déplacement

---

(1) Ch. Appleton, dans *Mél. Cornil*, I, pp. 51-67.

matériel ou *subreptio* et nullement du fait interne d'une intention coupable du *fur* (1).

Il y avait déjà, au temps des XII Tables, d'autres appropriations illicites du bien d'autrui qui donnaient lieu à des actions particulières, telles que : l'*actio de arboribus succisis*, qui tend au paiement d'une amende par celui qui a coupé les arbres d'autrui (PLINE, *H. n.* 17, 1, 7; GAI. 4, 11); l'*actio de pastu*, donnée contre celui qui fait paître son troupeau sur le champ d'autrui (ULP. *D.* 19, 5, 14§3) (2).

Antériorité de l'obligation délictuelle à l'obligation contractuelle. — Nous avons pris le point d'irruption de la notion « obligation » dans les réactions provoquées par un acte illicite, c'est-à-dire une injustice ou rupture d'équilibre dans la distribution fatale des biens et des maux entre les hommes : c'est de l'ensemble des réactions provoquées par la perpétration d'un délit que s'est dégagée la notion « obligation juridique ». Nous allons voir comment s'est accomplie historiquement la transition de la notion « obligation délictuelle », à la notion « obligation contractuelle ».

Cependant la priorité historique de l'obligation délictuelle sur l'obligation contractuelle est souvent contestée : il faut d'autant plus hésiter à l'admettre, dit-on, qu'il paraît bien malaisé de concevoir une évolution qui aurait conduit à attribuer à un contrat, acte de paix, des effets semblables à ceux d'un délit, générateur d'actes de guerre privée (3). Il importe donc avant tout, pour prévenir tout malentendu, de préciser la notion du délit ou acte illicite.

Il va sans dire qu'on ne conçoit pas d'état social, si primitif soit-il, où il n'y aurait d'autres rapports juridiques que ceux établis par des spoliations brutales et maintenus par la force des coups. Une conception si bizarre des plus anciens rapports sociaux ne conviendrait qu'à ceux qui s'attardent encore à soutenir que le droit serait issu de la force brutale. Loin de nous donc la pensée de contester que primitivement une injustice ou rupture d'équilibre n'aurait jamais pû se produire à la suite d'un accord.

Les accords, qu'on rencontre forcément déjà dans les collectivités sociales les plus rudimentaires, n'ont rien de commun avec ce que nous appelons aujourd'hui des contrats obligatoires. Ce

---

(1) Paul HUVELIN, *Etudes sur le furtum* : I. *Les sources*, Paris, 1915.

(2) Fliniaux, dans *Mél. Cornil*, I, pp. 245-294.

(3) Sur la thèse de l'obligation contractuelle antérieure à l'obligation délictuelle : F. de Visscher, *RHDF.*, 1928, pp. 355 ss.

sont des accords, dans lesquels la formation de l'accord ne se distingue pas encore de son exécution : l'accord est au comptant, c'est-à-dire qu'il n'existe que par son exécution. L'idée d'obligation juridique n'y apparaît pas encore : cette idée ne fera son apparition que quand, à la suite de l'accord, il se produira un déséquilibre ou une injustice, qui appelle le rétablissement de l'équilibre par application du talion. L'accord même ne nous conduit pas directement à la notion de l'obligation; c'est seulement quand les conséquences de l'accord nous reportent sur le terrain de l'injustice ou de l'acte illicite que surgit l'idée de corriger l'injustice ou de rétablir l'équilibre rompu.

Exemples : La *mancipatio* ne crée pas d'obligations; mais l'éviction ultérieure du *mancipio accipiens* révèlera la perpétration d'un délit consécutif à la *mancipatio*; et comme ce délit du *mancipio dans* est semblable à celui du *fur nec manifestus*, il est frappé de la peine du double, réclamée par l'*actio auctoritatis* (*supra*, pp. 66 ss.). Semblablement le dessaisissement d'une chose sans aucun avantage reçu en retour, s'il n'a pas eu lieu pour rétablir (à titre de composition, par exemple) l'équilibre rompu antérieurement, crée lui-même un état de déséquilibre qui appelle un rétablissement : celui qui a reçu sans rendre a rompu l'équilibre à son profit; il a commis un acte illicite en s'enrichissant aux dépens d'autrui. Le sentiment de l'injustice, qu'il y a à recevoir un présent sans rien donner en retour, trouve son expression tangible dans des pratiques coutumières assez caractéristiques, que les ethnographes relèvent dans les civilisations rudimentaires les plus diverses. Le point d'irruption de la notion de l'obligation se trouverait, dit-on, dans le sentiment universellement répandu, qu'un présent reçu appelle un présent en retour; et la plus ancienne obligation serait donc une obligation contractuelle, qui consacrerait le devoir de reconnaissance assumé par l'acceptation d'un don : l'obligation de faire une libéralité en retour d'une libéralité reçue (1). Mais est-il bien vrai de dire que l'obligation du donataire est contractuelle, c'est-à-dire qu'elle naît directement de l'accord réalisé gratuitement à son profit? En vérité, il faut que, après la réalisation

---

(1) L'exemple le plus caractéristique, sur lequel les ethnographes insistent surtout pour étayer leur système de l'origine contractuelle de l'obligation, c'est la coutume du *Potlatch*, découverte chez des tribus indiennes du Nord-Ouest américain (sur les côtes de l'Alaska et en Colombie britannique) : le *Potlatch* consiste en des libéralités et festivités, qui obligent ceux qui en ont reçu l'hommage à offrir en retour autant et même davantage. Les résultats de ces recherches ethnographiques sont résumés par M. Warnotte, dans la *Rev. de l'Institut de Sociologie de Bruxelles*, janvier 1926, pp. 49 ss.

de l'accord, il s'affirme que le bénéficiaire encourt la déconsidération et le mépris, qui s'attachent au fait de recevoir des libéralités sans y répondre par des contre-libéralités au moins équivalentes. Ceci seulement sera l'acte illicite d'enrichissement injuste, qui appelle un rétablissement de l'équilibre par application du talion. En droit classique romain, au temps où personne ne songe plus à mettre en doute l'existence de l'obligation contractuelle, les jurisconsultes proclament que *re contrahitur obligatio* (Gai. 3, 90) et ils entendent par là que celui qui a reçu une prestation est, par cela même, engagé contractuellement pour le devoir assumé en retour de la prestation reçue; mais avant de reconnaître la nature contractuelle de pareille obligation, les Romains se sont tenus longtemps sur le terrain de l'obligation délictuelle de celui qui s'enrichit injustement aux dépens d'autrui (1).

Les premiers engagements contractuels dans la procédure de justice privée. — C'est donc dans les réactions provoquées par une injustice ou un délit (au sens le plus large de ce mot), que se découvre le point d'irruption de chacun des deux facteurs qui concourent à la formation de la notion « obligation ». Il suffira maintenant de suivre le développement de ces réactions au cours d'une procédure de justice privée, où le rôle des pouvoirs publics ira s'accroissant sans cesse, pour voir surgir les premiers exemples d'obligations contractuelles.

La vengeance privée, exercée par la victime d'un délit, a toujours été soumise à un contrôle : au début, contrôle des voisins et des proches, provoqué par une *endoploratio* ou *conclamatio* (*supra* p. 79); puis contrôle des pouvoirs publics veillant à contenir l'exercice de la vengeance privée dans des limites qui ne compromettent pas la paix publique (*infrà* pp. 119 ss.). De bonne heure, le contrôle des pouvoirs publics fut réglementé, en vue de soustraire les intéresés à toute influence capricieuse ou arbitraire des magistrats chargés de surveiller l'exercice de la justice privée : il fut enjoint à ces magistrats de suspendre l'exercice de la justice privée et d'organiser un arbitrage, à la suite duquel la justice privée ne pourrait reprendre son cours devant le magistrat que conformément à la sentence de l'arbitre (*infrà*, pp. 121 ss.).

Ce système de la justice privée contrôlée, avec insertion de l'intermède obligatoire d'un arbitrage, a naturellement pour conséquence de ralentir l'exercice de la justice privée. Or, forcer ainsi la victime d'un délit à patienter avant d'arriver à ses fins, c'est

(1) Girard, pp. 539-540 et les références indiquées dans les notes.

développer, dans les rapports de victime à coupable, l'idée de crédit ou de confiance, à laquelle le créancier ou *creditor* doit son nom. Cependant, pareil crédit forcé se conçoit malaisément sans une solide couverture; et, en vérité, le créancier, impatient d'obtenir satisfaction du débiteur, ne consentira aux atermoiements de la procédure que moyennant des oppignérations ou engagements contractuels de personnes ou de choses. Au cours de la procédure de justice privée contrôlée, chaque fois qu'est accompli un nouvel acte de procédure de nature à retarder la fin du procès, nous voyons se former des engagements contractuels, destinés à couvrir le nouveau crédit imposé au demandeur.

Les engagements contractuels, qui se formaient au cours de la procédure de justice privée chaque fois qu'un atermoiement était imposé au demandeur, se présentaient sous l'aspect d'engagement matériel d'otages, substitués au délinquant (le défendeur) en la détention de la victime (le demandeur). L'otage (*obses*), qui prend la place du délinquant, dégage celui-ci et lui procure ainsi la liberté avec la possibilité de donner satisfaction au créancier. D'autre part, l'otage, détenu par le créancier, est exposé à la vengeance privée du créancier qui n'obtiendrait pas satisfaction du délinquant(1). Par l'intervention de l'otage, les deux éléments de l'obligation sont dissociés : l'engagement est dénoué pour le délinquant et réalisé dans la personne de l'otage, tandis que le devoir continue d'incomber au délinquant. Ce dernier aura naturellement le souci de dégager à son tour l'otage, engagé uniquement pour le dégager lui-même. Il en a toujours le moyen, en donnant pleine satisfaction au créancier; et cette tâche lui sera facilitée davantage par une particularité remarquable du mode d'engagement de l'otage.

L'engagement contractuel de l'otage contenait la mention d'une *certa pecunia*. Cette somme ne pouvait pas raisonnablement être promise par l'otage détenu; mais il était utile de la mentionner dans l'opération, pour fixer en chiffres la rançon de la libération éventuelle de l'otage; car si cette rançon doit coïncider avec la composition légale due par le délinquant, on sait cependant que le taux de la composition est souvent exprimé autrement qu'en chiffres, par exemple dans la maxime « *duplione damnum decidito* », appliquée au *fur nec manifestus*.

---

(1) Une vieille forme de cautionnement du droit babylonien ferait croire que l'engagement de l'otage fut d'abord délictuel, puisque grâce à une fiction il en conserva l'aspect, même au temps où il était devenu en vérité un engagement contractuel : l'otage se serait livré à un enlèvement (fictif) du débiteur des mains du créancier et aurait été par là engagé comme délinquant (ravisseur). Beyerle, *ZSSt.* (*Germ. Abt.*), 1927, p. 603.

Pour que l'intervenant, qui est substitué au délinquant, ait la possibilité sérieuse d'assumer le devoir de payer la rançon de sa libération, il faudra que l'engagement de sa personne change de caractère : qu'il cesse d'être un enchaînement effectif rendant dérisoire toute promesse de l'intervenant enchaîné, et qu'il devienne un engagement idéal ou *vinculum iuris*, c'est-à-dire un affectation de l'intervenant à un enchaînement éventuel. Le développement de l'idée de crédit a provoqué la transformation de l'otage détenu effectivement en la caution affectée seulement à une détention éventuelle ; et les plus anciennes sources classiques relatives à la procédure judiciaire (qui est encore en une large mesure une procédure de justice privée contrôlée) nous représentent les intervenants sous l'aspect, non pas d'otages enchaînés effectivement, mais de cautions menacées d'enchaînement. Les plus anciennes cautions de procédure sont le *vindex*, le *vas* et le *praes*. C'est le *vas*, caution de recomparution *in iure*, dont le mode d'engagement, le *vadimonium*, est le mieux connu. Le *vadimonium* contenait une promesse du *vas* de payer une *certa pecunia* (*summa vadimonii*) sous la condition de la non-recomparution du défendeur *in iure*.

Par le *vadimonium* le *vas*, en même temps qu'il accepte une menace d'enchaînement, assume le devoir de payer la rançon pécuniaire de sa libération. En conséquence, le *vadimonium*, parce qu'il crée simultanément chacun des deux éléments constitutifs de toute obligation, apparaît comme le premier contrat proprement obligatoire : l'obligation du *vas* est la plus ancienne obligation contractuelle ; et il y a de bonnes raisons d'envisager de même les obligations des deux autres anciennes variétés de cautions de procédure, le *vindex* et le *praes* (1).

Contrat obligatoire sous forme d'auto-cautionnement. — Quand, pour le *vindex*, le *vas* et le *praes*, la notion de l'engagement s'est idéalisée et muée de *vinculum corporis* en *vinculum iuris*, il n'y a plus aucun obstacle de fait à ce que ces cautions assument elles-mêmes le devoir d'accomplir la prestation de nature à les

(1) La question de priorité entre *vindex*, *vas* et *praes* reste obscure. Schulin (*Lehrb. d. Gesch. d. röm. Rechtes*, 1889, pp. 346 ss.) était pour l'ordre historique : *vindex*, *vas*, *praes* ; et ce classement paraît rationnel. Néanmoins, nous préférons (avec Lenel, *ZSSt.*, 1902, p. 97 ss.) chercher dans le *vadimonium* l'origine des contrats obligatoires romains, non pas parce que la priorité du *vadimonium* serait historiquement démontrée, mais plutôt parce que notre connaissance du *vadimonium* laisse moins à désirer, surtout depuis les travaux de Fliniaux (1908) et de Debray (1910).

dégager. D'autre part, il n'est plus nécessaire que, par l'intervention du *vindex*, du *vas* ou du *praes*, le délinquant même se trouve dégagé, du moment où l'engagement a cessé d'être un enchaînement matériel. Cependant, la règle de la libération du débiteur par l'intervention de la caution s'est conservée par survivance (bien qu'elle ne se justifiât que dans le système primitif de l'otage enchaîné à la place du débiteur).

Aussi quand le débiteur voulait rester engagé personnellement aux côtés des cautions qui l'avaient dégagé, il devait conclure un contrat obligatoire semblable à celui de la caution.

Le contrat d'entreprise de l'an 105 av. J.-C., que nous a conservé la table de Pouzzoles (Girard, *Text.*, pp. 860-862), nous offre encore un exemple d'un débiteur (adjudicataire de travaux), qui pour rester engagé à côté de ses *praedes*, s'engage semblablement (*idem praes*). Ce document nous transporte à une époque où l'engagement d'un *praes* se produit, non plus seulement au cours d'une procédure judiciaire, mais aussi en dehors de tout procès et pour fortifier la prétention du créancier (sûreté personnelle) ; alors encore c'est à l'image de l'engagement contractuel de la caution que se forme l'engagement contractuel du débiteur principal. D'ailleurs, ceci n'est pas un phénomène propre à l'histoire du droit romain. Dans bien d'autres systèmes juridiques que le romain, on constate le même phénomène du débiteur principal s'affirmant sa propre caution, pour montrer par là qu'il est personnellement engagé (1).

Voici donc qu'il est devenu possible à un délinquant, libéré par l'intervention d'une caution (*vindex*, *vas* ou *praes*), de se réengager contractuellement par le même mode d'engagement contractuel qu'avait utilisé la caution. Il existe maintenant un contrat proprement obligatoire ; mais il ne se forme encore qu'à la suite de l'engagement d'une caution et à l'instar de celui-ci. Quand il en était ainsi, il ne restait plus qu'un pas à faire pour trouver le moyen de faire surgir une obligation d'emblée d'un accord, indépendamment de toute obligation délictuelle et de tout engagement d'une caution. Cette étape a été franchie par l'institution, dans l'ancien droit romain, du *nexum*, certainement postérieur aux modes d'engagement du *vindex*, du *vas* et du *praes* (2).

Nexum. — Le *nexum*, mode d'engagement contractuel tout à

---

(1) Mitteis, *Festschr. f. Bekker*, pp. 123-124 et les nombreuses références indiquées dans Sohm-Mitteis-Wenger, p. 63, n. 11, *i. f.*

(2) Mitteis, *Festschr. f. Bekker*, pp. 116-117.

fait autonome, était une opération *per aes et libram*, qui s'accomplissait devant un *libripens* et au moins cinq témoins, comme la *mancipatio*.

Selon Varron (*l. l.* 7, 105), Manilius (vers 149 av. J.-C.) aurait désigné sous le nom de *nexum* toute opération *per aes et libram*, y compris la *mancipatio* : *nexum Manilius scribit omne quod per aes et libram geritur, in quo sint mancipia*. Par contre, Quintus Mucius (vers 95 av. J.-C.) aurait réservé à *nexum* le sens de l'opération *per aes et libram* destinée à *obligare*, par opposition à la même opération destinée à *dare*, la *mancipatio* : *Mucius quae per aes et libram fiant ut* OBLIGENTUR, *praeter quae mancipio* DENTUR. *Hoc verius esse, ipsum verbum ostendit, de quo quaerit, nam id est* QUOD OBLIGATUR *per aes et libram* NEQUE SUUM FIT, *inde nexum dictum*.

On préfère généralement l'opinion de Quintus Mucius, approuvée par Varron (pour une raison étymologique de pure fantaisie), et l'on distingue entre : la *mancipatio*, qui emporte une *datio* ou un *suum fieri*, c'est-à-dire qui établit d'emblée une maîtrise effective sur une chose, et le *nexum*, qui affecte seulement à une maîtrise éventuelle une personne obligée c'est-à-dire engagée (1). Peut-être retrouve-t-on la trace de cette distinction entre *mancipatio* et *nexum*, dans la définition de l'obligation donnée par Paul (*D.* 44, 7, 3*pr.*), qui semble opposer l'effet aliénatoire de la *mancipatio* à l'effet obligatoire du *nexum* : *Obligationum substantia non in eo consistit, ut aliquod corpus nostrum aut servitutem nostram faciat, sed ut alium nobis obstringat ad dandum aliquid vel faciendum vel praestandum* (2).

Nous n'avons sur le *nexum*, qui avait disparu en droit classique, que des renseignements fort fragmentaires, et il convient de se montrer très circonspect dans les conjectures imaginées pour en combler les lacunes.

Parce qu'un *libripens* intervient dans l'opération, on en conclut que le *nexum* contenait au début une pesée effective d'*aes rude*, qui n'est devenue fictive qu'après l'apparition des pièces de monnaie. On ajoute que le *nexus* (*nectere* = lier) est engagé, c'est-à-dire affecté à une maîtrise éventuelle du créancier, en échange de la monnaie, pesée soit réellement, soit fictivement, qu'il a reçue. En conséquence le *nexum* aurait été originairement un prêt d'argent : un auto-asservissement, sinon une auto-aliénation, contre un certain poids de monnaie.

---

(1) Pacchioni, *Obl. rom.*, pp. 118-123.

(2) A. Marchi, dans *BIDR.*, 29, 1916, pp. 1 ss.

Dans ce système du *nexum*-prêt d'argent, la part de la conjecture est grande (1). Ce que nous savons du *nexum* se réduit à ceci : 1° Le *nexum* est un mode solennel de formation d'un engagement contractuel; 2° Le mécanisme de l'opération comprenait une pesée réelle ou fictive de monnaie; il résulte de ceci que le *nexum* ne se conçoit pas sans l'indication d'une *certa pecunia*; mais rien n'autorise à affirmer que cette *certa pecunia* aurait dû forcément être payée au *nexus* pour parfaire l'opération (*nexum* = prêt d'argent); car il ne faut pas pousser trop loin la similitude du *nexum* et de la *mancipatio* ; peut-on croire, par exemple, à la possibilité d'un *nexum sestercio nummo uno*, alors que la *mancipatio sestercio nummo uno* n'a jamais été mise en doute? En outre, la *mancipatio* réalise une maîtrise immédiate du *mancipio accipiens* sur la chose, tandis que le *nexum* se borne à affecter le *nexus* à une maîtrise éventuelle du créancier; et s'il en est ainsi, pourquoi le *nexum* impliquerait-il forcément le dessaisissement immédiat de la *certa pecunia* au profit du *nexus*? Il paraît infiniment plus naturel d'assigner à la *certa pecunia* du *nexum* la même fonction qu'à la *certa pecunia* du *vadimonium* (*suprà* pp. 85-86) : cette *certa pecunia* fixait la rançon de la libération de l'engagé; de même que le *vas*-caution promettait lui-même la *summa vadimonii* ou rançon de sa libération, de même le *nexus* pouvait, dans l'opération du *nexum*, promettre (plutôt que recevoir) la *certa pecunia* pesée réellement ou fictivement, par le paiement de laquelle il aurait la possibilité de se dégager de son *vinculum iuris*; 3° Enfin le *nexum*, soumis à la règle des XII Tables « *cum nexum faciet mancipiumque, uti lingua nuncupassit ita ius esto* », pouvait contenir des déclarations faisant loi pour les parties; or, on se représente sans peine une *nuncupatio* insérée dans un *nexum* pour rattacher l'engagment du *nexus* à un devoir qui aurait pour objet toute autre prestation qu'une prestation pécuniaire; l'engagement du *nexus* pourrait être ainsi rattaché à l'accomplissement d'un devoir assumé dans le *nexum* ou existant même antérieurement au *nexum*; et c'est à cette dernière hypothèse que se réfère la définition du *nexus* donnée par Quintus Mucius, selon Varron (*l. l.* 7, 105) : *liber qui suas operas in servitutem*, PRO PECUNIA QUAM DEBET, *dat, dum solveret, nexus vocatur.*

Bref, ce que l'on peut dire du *nexum*, en réduisant les conjectures au minimum, c'est que le *nexus* se trouvait dans la même condition juridique que le *vindex*, le *vas* et le *praes*, au temps où ces derniers

(1) Que le prêt de céréales ait été un très ancien contrat dans les vieilles civilisations agricoles, c'est possible; mais le prêt d'argent n'appartient-il pas à un régime capitaliste déjà passablement développé?

étaient des cautions, dont le mode d'engagement était utilisé par le débiteur principal qui voulait rester engagé aux côtés de ses cautions. De même que la *summa vadimonii* pour le *vas*, la *certa pecunia* (pesée effectivement ou fictivement) pour le *nexus* servait à préciser la condition négative mise à l'assujettisement, dont le *vas* ou le *nexus* avait accepté la menace. En outre, l'engagement, susceptible d'être toujours dénoué par le paiement de cette *certa pecunia*, pouvait par une *nuncupatio* être rattaché à l'accomplissement d'un devoir quelconque du *nexus*; de sorte que, si le *nexus* se conforme à la *nuncupatio*, il est dégagé (*uti lingua nuncupassit ita ius esto*), mais s'il ne peut le faire, il lui reste la possibilité de se dégager par le paiement de la *certa pecunia*, rançon fixée d'avance de sa libération; exactement comme le *vas*, s'il procure au demandeur la comparution du défendeur, est dégagé, mais, au cas de non-comparution du défendeur, conserve la possibilité de se dégager par le paiement de la *summa vadimonii*.

Voies d'exécution des plus anciens contrats obligatoires. — On demande souvent si les modes d'engagement du *vindex*, du *vas*, du *praes* ou du *nexus* ont la force exécutoire, c'est-à-dire s'ils peuvent être réalisés d'emblée et sans une procédure judiciaire préalable aboutissant à une condamnation de l'obligé. Poser la question en ces termes, c'est transporter de toutes pièces, dans l'ancien droit romain, des idées modernes. Pour éviter les malentendus, il faut se reporter à la plus ancienne civilisation romaine et rechercher quelles voies de fait étaient alors permises à un créancier, pour se faire justice sous le contrôle de l'autorité.

Nous savons que le créancier à raison d'un délit saisissait son débiteur sur le fait, pour lui appliquer d'emblée le talion et que tout au plus il avait, au début, à provoquer par une *endoploratio* ou *conclamatio* le contrôle des proches ou des voisins. Ceci était la *manus iniectio* la plus énergique : une mainmise toute nue, sans condition ni tempérament.

Quand c'est un créancier contractuel auquel il n'est pas donné satisfaction, sa situation est, au début, presque la même, c'est-à-dire qu'il procédera à la *manus iniectio* sur la personne de l'obligé (caution ou débiteur). Seulement, comme l'obligation contractuelle est historiquement plus récente, la *manus iniectio* du créancier contractuel sera déjà soumise à certaines conditions, notamment à la condition de la fixation préalable d'une rançon pécuniaire, *certa pecunia*, susceptible de dénouer l'engagement de l'obligé : le créancier peut mettre la main sur l'obligé et le soumettre aux voies de fait de sa justice privée, pourvu que la possibilité soit réservée de dégager l'obligé contre paiement d'une somme fixée d'avance. Cette condition spéciale de la réalisation d'un engagement contractuel fait apparaître clairement l'utilité de la mention d'une *certa pecunia* dans les plus anciens modes d'engagement contractuel.

S'il est établi que le créancier qui n'avait pas obtenu satisfaction était fondé à procéder d'emblée à la *manus iniectio* sur le *vindex*, le *vas*, le *praes* et le *nexus* (1), ceci ne signifie pas que les engagements contractuels de ces diverses personnes avaient la force exécutoire, mais bien que, de toutes les procédures de justice privée contrôlée, la *manus iniectio* fut la plus ancienne, dont bénéficièrent naturellement les plus anciens créanciers contractuels.

Libération de l'obligé. — L'accomplissement du devoir qui incombe à l'obligé (débiteur ou caution), ou le paiement de la rançon pécuniaire de sa libération, sont-ils soumis à certaines formes, pour que l'obligé échappe définitivement à la menace de *manus iniecto*?

On répond généralement affirmativement, en étendant inconsidérément l'application du passage de Gaius (3, 173-175) relatif à la *solutio per aes et libram* : l'engagement du *nexus*, dit-on, ayant été formé *per aes et libram*, ne peut être dénoué que par rachat *per aes et libram* du *nexus*, ou *solutio per aes et libram*. Ceci est représenté traditionnellement comme l'application d'une maxime rapportée par Pomponius (*D.* 46, 3, 80) en ces termes : *prout quidque contractum est, ita et solvi debet.*

Cependant il est possible que cette règle, qui prescrit d'utiliser, pour dissoudre des obligations contractuelles, des actes symétriques à ceux qui ont servi à les créer, ne remontât pas aux origines et eût été formulée seulement par les Prudents(2); et elle ne semble avoir été imaginée que pour permettre une libération par paiement imaginaire (*species imaginariae solutionis*), c'est-à-dire un dénouement des liens de l'obligé, même sans que le créancier ait reçu satisfaction (3). Impossible donc d'invoquer le langage de Gaius, pour

---

(1) Pour ce droit du créancier de procéder d'emblée à la *manus iniectio*, consulter : sur le *vindex*, Maria, *Le vindex*, 1895, p. 155, — sur le *vas*, Flintaux *Le vadimonium*, 1908, pp. 16-18, v° *vadimonium*, dans le *Dict. des Ant.*, p. 619, note 12; Debray, *NRHD.*, 1910, p. 526. — sur le *praes*, Viard, *Le praes*, 1907, p. 57, notes 1-3, p. 59; Mitteis, *Festschr. f. Bekker*, p. 131, note 1,— sur le *nexus*, aperçu de la controverse, dans Girard, pp. 511-514 et les notes, et dans Sohm-Mitteis-Wenger, p. 51, note 9, p. 656, note 12.

(2) En ce sens : Koschaker, *ZSSt.*, 1916, p. 353.

(3) Pflueger, *Nexum und Mancipium*, 1908, pp. 40-57.

soutenir que la satisfaction à procurer au créancier devrait lui être donnée *per aes et libram* pour libérer l'obligé de son engagement.

Au temps où les engagements contractuels étaient souvent des engagements de cautions, on peut découvrir assez aisément l'utilité pratique d'une *solutio per aes et libram* (en dehors des cas sans doute infiniment rares de libération gratuite du débiteur). La caution, qui donne satisfaction au créancier, libère le débiteur; mais il n'est pas inutile de constater que les voies de fait de la justice privée, que le créancier était fondé à exercer sur le débiteur ou sur la caution (engagés semblablement et simultanément), n'ont été écartées que grâce au sacrifice fait par la caution en donnant satisfaction au créancier. Il convient que le bénéfice de la *manus iniectio* sur le débiteur, qui était réservé au créancier, passe en l'occurrence à la caution; et pour s'assurer cet avantage, il semble bien que la caution dût faire au créancier une *solutio per aes et libram*. Ceci se déduit du régime auquel est restée soumise une variété plus récente de caution, le *sponsor*, dont Gaius (4, 25) nous dit que : *agit per manus iniectionem cum eo pro quo depensum est*. Ce langage de Gaius signifie que le bénéfice de la mainmise sur le débiteur passe à la caution, qui par un *depensum* a désintéressé le créancier; or le mot *depensum*, plutôt désuet au temps de Gaius, contient une allusion assez transparente à la pesée de la *solutio per aes et libram*.

Cet avantage, de pouvoir procéder d'emblée à la *manus iniectio* sur le débiteur, a été conservé à la caution grâce à la *solutio per aes et libram*, même au temps où, par suite du développement de la procédure judiciaire, le créancier lui-même ne peut plus procéder à une *manus iniectio* que sur un *debitor* ou un *sponsor* qui serait *iudicatus*; car il paraît certain que, contre le *sponsor* (variété d'obligé moins ancienne que le *vindex*, le *vas*, le *praes* et le *nexus*), le créancier n'a jamais pu procéder à une *manus iniectio* qu'après avoir obtenu une sentence arbitrale dans une procédure entamée *per sacramentum*. Quand la *manus iniectio depensi* disparaîtra à son tour, l'avantage que le *sponsor* retirait de la *solutio per aes et libram* sera pour ainsi dire évanoui (1).

Bref, si la forme de la *solutio per aes et libram* a été utile pour dégager l'obligé indépendamment de toute satisfaction reçue par le créancier et aussi pour assurer à la caution qui satisfait le créancier un recours énergique (*manus iniectio depensi*) contre le débiteur principal, rien n'autorise à aller plus loin et à dire que cette forme

(1) Mitteis, *RP.*, p. 275, note 38; Koschaker, *ZSSt.*, 1916, pp. 361-362.

aurait été imposée à tout obligé qui donnerait satisfaction à son créancier.

Pour ce qui est de l'obligé délictuel, qui paie la composition, il est certain qu'il n'a jamais dû se soumettre à la forme de la *solutio per aes et libram*; car le régime des compositions volontaires et même des compositions légales fut assurément antérieur à l'opération *per aes et libram*; aussi les conventions de pardon et les transactions au sujet des compositions sont-elles toujours restées affranchies de toute forme. L'accord ou *pactum* (Paul. *D.* 2, 14, 17 §1) relatif à la composition était vraisemblablement accompagné d'un paiement comptant, dénué lui aussi de toute forme; car si l'expression « *damnum decidere* » (Gai. 4, 37; Africain, *D.* 47, 2, 62(61) §1; Ulp. *D.* 13, 1, 7*pr.*; 47, 2, 46 §5) signifie à la fois « payer la composition » et « transiger sur le délit », c'est sans doute que primitivement l'un n'allait pas sans l'autre et que, en transigeant, on payait (1).

Pourquoi se serait-on montré plus rigoureux vis-à-vis du débiteur contractuel et aurait-on exigé en tout cas de celui-ci une *solutio per aes et libram* pour qu'il fut dégagé? Ce que les sources plus récentes du *ius civile* nous apprendront, c'est que le dénouement du *vinculum iuris* de l'obligé contractuel est resté soumis à l'accomplissement de formes, quand il a lieu gratuitement, c'est-à-dire sans que le créancier reçoive satisfaction : ce sera alors la forme de l'*acceptilatio*, qui aura pris la place de la vieille forme de la *solutio per aes et libram*. Mais quand l'obligé se dégage par la satisfaction qu'il procure au créancier, le droit civil de l'époque classique ne lui impose nullement l'accomplissement d'une *acceptilatio*, et l'ancien droit n'avait certes aucune raison de le traiter autrement et de lui imposer l'accomplissement d'une *solutio per aes et libram*.

Sponsio et stipulatio. — Le *sponsor* est une variété de caution qui n'a vraisemblablement fait son apparition qu'après les XII Tables; car dans les maximes qui sont rattachées aux XII Tables, il n'y a aucune allusion à la *sponsio*. Pourtant la *sponsio* remonte à l'époque où l'engagement de la caution libérait encore le débiteur principal, qui ne pouvait rester engagé aux côtés du *sponsor* qu'en faisant lui aussi une *sponsio* semblable. La preuve que le débiteur a imité ici les procédés d'engagement de la caution résulte de la bizarrerie suivante de langage : le mot *sponsor* n'a jamais eu que le sens de « caution », tandis que les mots *spondere* et *sponsio* se réfèrent à l'activité tant d'un débiteur principal que d'une cau-

(1) Koschaker, *ZSSt.*, 1916, pp. 365-366.

tion. En outre, Gaius (3,119) affirme encore que la variété de caution, qui a conservé le nom de *sponsor*, ne peut s'engager valablement que si le débiteur est engagé lui-même par le même procédé (*verbis*) : *sponsores nullis obligationibus accedere possunt nisi verborum.*

Il y a donc un mode d'engagement contractuel, la *sponsio*, qui servira à lier une caution et aussi simultanément un débiteur principal.

La forme de la *sponsio* est fort simple : elle se compose d'une interrogation du créancier, à laquelle il est répondu immédiatement par une promesse adéquate à la demande : *spondesne? spondeo.* Cette forme de la *sponsio* n'a rien d'artificiel : c'est encore sous cette forme de demande et réponse que se concluent aujourd'hui très naturellement les marchés en foires. D'ailleurs l'engagement du *praes* se concluait déjà lui aussi sous la forme de demande et réponse : *praes est is qui, interrogatus a magistratu si praes sit, respondet « praes »* (Varron, *l. l.* 6, 74; Festus, v° *praes*). Ce qui est assez surprenant, c'est que cette forme si simple et si naturelle donnée à une promesse ait eu la vertu d'engager la personne du promettant. Pour expliquer cette particularité, on prête volontiers à la *sponsio* un caractère sacré, que lui auraient imprimé originairement un serment ou des rites libatoires; mais ceci est une pure conjecture, qu'il est préférable d'ignorer (1).

Le débiteur et la caution qui, dans la forme de la *sponsio*, promettent chacun la même chose, sont proprement des *correi* ou codébiteurs, soumis tous deux au même régime juridique. Dans la suite il s'opérera, entre le régime du débiteur et le régime du *sponsor*, une différenciation que nous révèleront des lois échelonnées entre 230 et 173 av. J.-C. (2), qui réservent aux *sponsores* des prérogatives ou avantages auxquels ne participent pas les débiteurs. Alors il apparaît que la même forme commode (*verbis*) de la *sponsio* peut créer deux variétés différentes d'engagements : l'engagement du *sponsor* et l'engagement du débiteur. Il n'est plus admis que l'engagement du *sponsor* soit formé isolément par le procédé de la *sponsio*; car le débiteur doit être engagé semblablement *verbis* (Gai. 3, 119). Mais quel obstacle sérieux pourrait-il y avoir à l'utilisation du procédé commode de la *sponsio* par un débiteur qui entendait s'engager sans qu'un *sponsor* s'engageât à ses côtés? La pratique romaine n'en aperçut aucun; car, en fait, la *sponsio* devint le mode général d'engagement contractuel du débiteur.

Pourquoi les vieux modes d'engagement contractuel du *vindex*,

---

(1) Mitteis, *RP.*, p. 27, note 10; *Festschr. f. Bekker*, pp. 110 ss.; Sohm-Mitteis-Wenger, pp. 62-63, note 11.

(2) Ernst Levy, *Sponsio, fidepromissio, fideiussio*, 1907, pp. 58 ss.

du *vas* et du *praes*, après qu'ils furent utilisés par le débiteur se cautionnant lui-même, n'ont-ils pas fourni aussi à celui-ci le moyen de s'engager seul, indépendamment de toute intervention d'une caution? Et pourquoi a-t-il fallu, pour permettre l'engagement contractuel du débiteur isolé, imaginer la forme complexe du *nexum*? Probablement parce que les formes anciennes de cautionnement se référaient si directement à une intercession d'un tiers qu'elles seraient devenues inconcevables si on avait essayé d'en éliminer tout engagement d'une caution : on conçoit très bien que quand le magistrat demande à une caution « es-tu *praes*? » celle-ci réponde affirmativement et que le débiteur vienne se joindre à elle pour affirmer que lui aussi est *praes*. Mais qu'on supprime l'intervention de la caution (qui justifie seule toute l'opération), et il devient bien malaisé de se représenter comment le débiteur isolé pourrait prendre figure de caution. Par contre, dans la forme de la *sponsio*, qui enveloppe *verbis* une promesse, le débiteur et le *sponsor*, en faisant la même promesse, s'engagent chacun séparément : il y a ici deux engagements contractuels, qui ont un point commun, l'identité de la promesse; mais pourquoi seraient-ils indissolublement unis l'un à l'autre et inconcevables isolément? A ceci s'ajoute que la forme de la *sponsio* appartient à une époque où l'on devait déjà être moins rigoureux pour la formation contractuelle d'un engagement; car à raison du développement de la procédure judiciaire, l'engagement d'un *sponsor* n'est plus, comme l'engagement d'un *vindex*, *vas*, *praes* ou *nexus*, réalisable d'emblée par la *manus iniectio*; maintenant une procédure préalable, introduite *per sacramentum*, doit avoir abouti à une sentence arbitrale, avant qu'il puisse y avoir lieu à *manus iniectio* (*infrà*, p. 128). Dans ces conditions, on conçoit sans peine que pour la formation contractuelle de l'engagement d'un débiteur, il n'ait plus paru opportun de créer des formes si complexes et si rigoureuses que celles du *nexum*.

Pratiquement la *sponsio* s'est substituée au *nexum* comme mode d'engagement contractuel autonome; et ceci fut une conséquence du développement de la procédure judiciaire. Il advint, en effet, que la *manus iniectio* ne fut plus qu'une procédure d'exécution soit d'une sentence judiciaire, soit d'une *confessio in iure*, portant l'une ou l'autre sur une *certa pecunia*. Dès lors, si le recours immédiat à la *manus iniectio* sur le débiteur est exclu, quel que soit le mode d'engagement de celui-ci, la pratique choisira tout naturellement, parmi des formes également efficaces, la moins complexe, c'est-à-dire la *sponsio*. La substitution, dans la pratique, de la *sponsio* au *nexum* est souvent rattachée à la *lex Poetelia Papiria* (326 ou 313 av. J.-C. qui aurait enlevé expressément au créancier le droit de faire d'emblée *manus iniectio* sur le *nexus*. Mais il paraît bien téméraire d'attribuer cette portée à la loi *Poetelia Papiria*, dont l'objet principal, sinon unique, fut de tempérer la rigueur de l'exécution du créancier sur la personne de son débiteur *iudicatus* ou *confessus* (1).

La *sponsio*, dans laquelle le terme *spondere* était de rigueur, a toujours été réservée aux seuls citoyens romains (*propria civium romanorum est*); mais de bonne heure a été consacrée, sous le nom de *stipulatio*, une forme semblable plus libre, que pourront même utiliser les pérégrins : ici la forme consiste également dans une interrogation du créancier, suivie immédiatement d'une réponse adéquate du débiteur, mais sans que l'emploi d'aucun mot soit de rigueur; de sorte que la *stipulatio* peut se conclure par exemple dans les termes suivants : *dabis? dabo*, — *promittis? promitto*, — *facies? faciam*..., etc. (GAI. 3, 92-93).

La forme de la *sponsio* ou de la *stiuplatio* unit, pour les faire naître simultanément, les deux éléments constitutifs de toute obligation juridique : l'engagement naît de la forme *verbis*, et comme cette forme enveloppe en elle la promesse d'une prestation, l'engagement créé *verbis* se trouve rattaché au devoir issu de la promesse.

Obligatio rei : dation d'arrhes et convention de fiducie. — L'engagement, qui assure l'accomplissement du devoir du débiteur, n'est pas nécessairement l'engagement d'une personne (caution ou débiteur même). Il se peut aussi qu'une chose soit engagée au pouvoir du créancier, *res obligata*.

A son point d'irruption, l'engagement contractuel d'une chose se confond pour ainsi dire avec l'engagement contractuel de la personne du débiteur. Nous savons que le délinquant qui, après avoir été saisi par la victime, faisait une promesse de composition, réussissait à se libérer de la mainmise de la victime moyennant l'engagement d'un otage. De bonne heure il advint que, à défaut d'otage, le délinquant put s'affranchir de la mainmise effective de la victime en donnant autrement à celle-ci un gage d'exécution de la promesse de composition. Ce nouvel appui ou soutien (*adminiculum*) de la promesse de composition consistait en un dessaisissement immédiat, entre les mains de la victime, de menus objets intimes, que le délinquant portait sur lui et qui lui touchaient au corps et au cœur : anneau, gant, collier, vêtement, arme, pièce de monnaie, etc. Pareil usage, venu d'Orient sous le nom d'arrhes (*arrae*, *arrabo*), peut être rapproché du *wadium* germanique.

Ce n'est pas un gage matériel d'exécution de sa promesse que

(1) Sur la *lex Poetelia Papiria* : F. de Visscher, dans *Mél. Fournier*, pp. 755-765.

donne le délinquant en remettant ces objets intimes qui lui touchent au corps; c'est plutôt sa personne qu'il livre à une véritable emprise magique, pour la dégager d'un enchaînement physique. Car un lien de sympathie magique unit ces objets intimes à leur maître; de sorte que, en s'en dessaisissant, le délinquant s'expose personnellement au mauvais sort qui les attend dans les mains d'un créancier non satisfait (1).

Quand il fut devenu possible que, même sans dation d'arrhes, le devoir assumé par le débiteur s'accompagnât d'un *vinculum iuris* ou engagement idéal de sa personne, l'usage de la dation d'arrhes se conserva, mais seulement pour étayer d'un engagement des promesses qui n'étaient pas encore obligatoires par elles-mêmes, ou même pour tenir lieu de promesses obligatoires omises. Ainsi dans les fiançailles, tandis que le père ou le tuteur de la fiancée promettait *verbis* au fiancé *eam in matrimonium daturum*, le fiancé, sans faire aucune promesse obligatoire, procédait à une dation d'arrhes qui en tenait lieu : il retirait du quatrième doigt de sa main gauche son *anulus ferreus*, qu'il passait au même doigt de la fiancée (Varron, *l. l.* 6, 70-71; Pline, *h. n.* 33, 12; Juvenal, *sat.* 6, 27, 204). De même dans les promesses réciproques d'acheter et de vendre qui, au temps de Plaute (2 siècles av. J.-C.), n'étaient pas encore obligatoires par elle-mêmes, une dation d'arrhes pouvait suppléer au défaut de *vinculum iuris* : l'acheteur remettait au vendeur une partie du prix, comme gage d'exécution de sa promesse. Quant au vendeur, il ne donnait de son côté aucun gage semblable d'exécution de sa promesse; car nous n'avons pas d'exemple d'un accord synallagmatique qui aurait été accompagné de dations d'arrhes réciproques. Seulement il a été admis de bonne heure que si les arrhes tiennent lieu de *vinculum iuris* pour celui qui les a données, il en est de même pour celui qui les a reçues. Il s'est formé en effet en Grèce une règle des arrhes, νόμος τῶν ἀρραβώνων, accueillie aussi à Rome, suivant laquelle celui qui transgresse sa promesse, c'est-à-dire n'accomplit pas le devoir assumé, subit une peine égale aux arrhes : si c'est celui qui les avait données, il les perd définitivement; si c'est celui qui les avait reçues, il doit les restituer au double.

Quand le devoir du débiteur, soit de payer la composition légale d'un délit, soit d'accomplir la prestation promise *verbis*, est toujours accompagné d'un *vinculum iuris* ou engagement idéal de sa personne, une dation d'arrhes émanée de pareil débiteur ne peut évidemment

(1) Huvelin, « Magie et droit individuel », dans *l'Année sociologique*, 1905-1906.

plus avoir pour fonction de tenir lieu du *vinculum iuris* qui existe déjà sans elle. Ici les arrhes ne peuvent plus être qu'un renforcement de l'obligation existante. Elles consisteront désormais dans une prestation importante, dont l'accomplissement constituera un gage matériel d'exécution de la promesse ainsi renforcée. L'usage des dations d'arrhes se conservera dans les ventes, quand celles-ci seront devenues des contrats consensuels obligatoires. Les arrhes seront alors une fraction importante du prix, payée d'avance par l'acheteur; et comme la règle des arrhes continuera d'être appliquée, chacun des contractants se trouvera exposé tout au moins au sacrifice important des arrhes, dans le cas où il méconnaîtrait sa promesse obligatoire soit d'acheter, soit de vendre (1).

La dation d'arrhes qui accompagne une vente consensuelle obligatoire n'appartient pas encore à notre période, au cours de laquelle on ne rencontre d'autres dations d'arrhes que celles qui accompagnent des promesses non-obligatoires à elles seules. Quand c'était un devoir accompagné de l'engagement ou *vinculum iuris* du débiteur, que l'on voulait renforcer par un gage matériel d'exécution, on procédait autrement que par dation d'arrhes : on engageait une chose en la maîtrise du créancier (*res obligata*), pour mieux assurer à celui-ci qu'il serait donné satisfaction à sa prétention (sûreté réelle). A cette fin, la maîtrise conférée au créancier sur la chose engagée était la maîtrise du propriétaire : la chose engagée faisait l'objet, soit d'une *mancipatio sestertio nummo uno, fidi fiduciae causa* (formule de la *tabula Baetica* ; Girard, *Text.* pp. 826-828), soit d'une *in iure cessio* (Gai. 2, 59); cette aliénation au profit du créancier était dite fiduciaire, parce qu'elle était accompagnée d'une *fiducia*, c'est-à-dire d'un accord dans lequel le créancier promettait de restituer la chose après satisfaction. La promesse de restituer, contenue dans la *fiducia*, n'étant pas faite *verbis*, ne créait aucun engagement de la personne du promettant; néanmoins l'accomplissement du devoir du créancier de restituer la chose après satisfaction était, en fait, suffisamment assuré, parce que le débiteur, qui avait fait l'aliénation fiduciaire, n'exécutait sans doute sa dette que contre restitution de la chose aliénée. A vrai dire, cette simple restitution ne rendait pas au débiteur la propriété que la *mancipatio* ou l'*in iure cessio* lui avait enlevée; il eût fallu, pour lui faire recouvrer immédiatement la propriété, lui faire également une *mancipatio* ou une *in iure cessio*; mais pour lui faciliter la réacquisition de sa propriété, on admit qu'elle avait lieu par l'*usureceptio fiduciae* d'une année, comptée à partir du jour où la chose était revenue entre ses mains (Gai. 2, 59).

(1) Sur les fonctions de la dation d'arrhes : *ZSSt.*, 1928, pp. 51-87.

Les applications de l'aliénation fiduciaire étaient multiples au temps où il n'y avait d'autre contrat obligatoire que la *sponsio* ou la *stipulatio*. On rencontre, à côté de la *fiducia cum creditore*, de nombreux exemples de *fiducia cum amico* (Gai. 2, 60). Ainsi, tant que le caractère obligatoire des contrats de dépôt, de commodat, etc... n'était pas consacré, l'aliénation fiduciaire fournissait un moyen de combler cette lacune : l'ami auquel une chose était confiée en était rendu propriétaire et promettait, dans une convention de fiducie, de la restituer. En outre, on n'a pas oublié (*suprà*, pp. 38-41) que l'émancipation et la *datio in adoptionem* s'accomplissaient par le procédé de *mancipationes* faites à un *pater fiduciarius*.

LIVRE IV

La succession à cause de mort

Formation de la notion « succession ». — Le *paterfamilias* régnait en maître absolu, sa vie durant, sur un ensemble de personnes et de choses, la maison : seul il personnifiait juridiquement à tous égards tous les individus groupés dans la famille. Mais ici — pas plus que dans le régime politique des monarchies absolues — le sort de la collectivité n'était lié au sort de son chef absolu, au point que le groupement s'évanouît à la disparition du chef ; le groupe familial, en dépit de la mort du *paterfamilias*, se perpétue aussi longtemps que le foyer ne s'éteint pas faute d'aliments fournis par génération ou autrement (*arrogatio*).

Au point de vue religieux, la disparition du *paterfamilias* décédé était d'ailleurs plus apparente que réelle, car celui-ci continuait à vivre parmi les *dii manes*, pourvu que l'offrande des sacrifices aux ancêtres ne cessât point. Il fallait donc que les *sacra* de la famille ne fussent pas interrompus par la mort du *paterfamilias* ; or pareille survivance obligatoire du culte domestique n'est autre chose que l'affirmation, en droit sacré, de la perpétuation du groupe familial de génération en génération.

A qui incombe, au décès du *paterfamilias*, le soin d'assurer l'exercice du culte domestique, qui ne peut chômer? Tout naturellement à ceux qui participaient déjà aux *sacra* aux côtés du *paterfamilias*, alors que leur personnalité était étouffée par la toute-puissance du chef. Car s'il est admis que le groupe familial survit à la personnalité du chef, bien que celle-ci soit à elle seule représentative du groupe tout entier, il s'ensuit que, à la disparition du chef, ceux qui lui étaient directement subordonnés cessent forcément d'être de simples organes du chef disparu, et deviennent automatiquement à leur tour les personnalités représentatives de chacun des foyers qui, en assurant sans défaillance le culte des ancêtres, perpétuent l'existence religieuse du groupe familial.

Les deux faits suivants étant observés : 1° organisation autocratique de la famille, qui concentre tous les droits du groupe dans la seule personne du chef ; 2° pérennité du groupe familial nonobstant la disparition du chef, — la combinaison de ces deux faits d'observation a nécessairement pour corollaire la possibilité de remplacer les personnalités représentatives du groupe : quand le *paterfamilias* meurt, ce sont les *sui heredes* qui automatiquement (*ipso iure*) deviennent chefs à leur tour (*infrà*, pp. 103-104).

Comment le phénomène de la mutabilité du chef d'un groupe permanent fait-il surgir l'idée de succession ?

L'idée qui, chez les anciens, précéda certainement l'idée de succession, c'était l'idée de la pérennité du groupe familial nonobstant l'existence éphémère de chacun de ses membres et de ses chefs. Cette idée fondamentale — qui se réalisait tout aussi naturellement dans d'autres domaines, puisque la communauté politique survivait également à chacun de ses rois — se formait sans exiger un effort d'imagination qui dépassât le niveau mental d'une population primitive. N'est-ce pas même un fait d'observation que, parmi les communautés sociales, les plus rudimentaires, l'idée de la pérennité du groupe est de celles qui pénètrent le plus facilement dans la conscience de chacun, au point qu'elles semblent se dégager, dit-on, de l'âme diffuse du groupe.

Il est probable (*suprà*, p. 32) que l'organisation la plus ancienne d'un groupe social fut une organisation communautaire, dans laquelle la cohésion du groupe est due à une force diffuse et impersonnelle (du totem). Dans pareille organisation communautaire, la permanence du groupe, sans égard aux apparitions et disparitions d'individus, n'engendre en aucune façon l'idée de succession. Il serait même plus vrai de dire que la pérennité du groupe communautaire barre la route à toute idée de succession.

Mais il en est autrement dans les communautés sociales moins archaïques, qui ont fixé et concentré dans la personne d'un seul la souveraineté du groupe. Or ceci est précisément le cas du groupe familial romain, dans lequel l'individualisation du pouvoir souverain est même poussée à l'extrême. Dans ce système-ci, l'idée fondamentale de la pérennité du groupe, loin de faire obstacle à l'idée de succession, y conduit au contraire directement. Ici le *paterfamilias* apparaît dépositaire d'une maîtrise illimitée sur tous les éléments de la famille, et quand il disparaît la perpétuation du groupe familial avec son organisation autocratique a pour conséquence forcée le passage en d'autres mains de la maîtrise illimitée du chef.

La substitution d'une personne à une autre dans l'exercice d'une maîtrise, c'est étymologiquement une succession ; car succéder (*sub-statuere, sub-cedere*), c'est prendre la place rendue libre par la disparition de quelqu'un.

Cette construction dogmatique de la succession a été appliquée sans difficulté à la maîtrise globale du *paterfamilias* sur l'ensemble des éléments de la maison, car elle est ici la conséquence forcée de la pérennité du groupe familial organisé autocratiquement. Mais on sait qu'il s'est fait de bonne heure une distinction entre diverses variétés de maîtrise de l'homme sur le monde extérieur, chacune de ces variétés constituant ce que nous appelons un droit subjectif (*suprà* pp. 7, 32, 55. Or l'idée de succession dans une maîtrise particulière ou dans un droit subjectif a tardé à se faire jour, car elle postule une construction dogmatique qui représente les droits comme pouvant subsister malgré le changement de sujet. Pareille construction juridique est assurément de celles qui dépassent le niveau mental des primitifs. Tant que le bénéfice d'un droit subjectif est attaché à l'exercice d'une maîtrise effective, le droit cesse dès que la maîtrise n'est plus effective; et si, à la cessation de la maîtrise de l'un, commence l'exercice de la maîtrise d'un autre, il n'y a point là transmission du bénéfice d'un droit subjectif, qui se perpétue en dépit d'un changement de sujet, mais il y a une maîtrise qui s'évanouit et une nouvelle maîtrise indépendante qui surgit.

Sui heredes. — Dans l'organisation autocratique de la famille romaine, tant que subsistait la personne du chef, seule représentative de tout le groupe, toute autre personnalité propre se trouvait étouffée à l'intérieur du groupe, et tous les membres de celui-ci ne pouvaient être juridiquement autre chose que des instruments de la personnalité du chef. Quand la personne du chef s'éteint, l'obstacle à l'épanouissement de personnalités propres disparaît pour certains membres du groupe : ceux qui, étant sous la puissance immédiate du chef, deviennent automatiquement indépendants par la disparition de ce dernier. Ils constituent le groupe des *sui heredes* ou héritiers siens, qui comprennent donc le *filiusfamilias* (l'adrogé inclus) et le *nepos ex filio mortuo* (Gai. *Coll.* 16, 2, 2). On se plaît souvent à faire dériver *heres* de *herus*, parce que l'héritier sien est le nouveau maître substitué à l'ancien; mais cette étymologie est généralement repoussée par les philologues.

Chacun des *sui heredes* devient de plein droit, *ipso iure*, chef d'un groupe constitué par sa femme et ses descendants, c'est-à-dire par ceux sur lesquels il avait déjà antérieurement une puissance implicite, paralysée par une puissance supérieure, exclusive de tout partage. Dès que disparaîtra l'obstacle à l'épanouissement de sa puissance autonome, on dira, non pas qu'il acquiert une puissance nouvelle, mais plutôt qu'il commence à exercer librement une puissance, restée jusqu'alors engourdie ou paralysée. Les jurisconsultes classiques eux-mêmes, à une époque où la nature de l'ancienne succession des *sui heredes* est profondément altérée, diront encore, pour justifier l'emploi de l'expression « héritiers siens », *sui heredes ideo appellantur, quia domestici heredes sunt et vivo quoque patre quodammodo domini existimantur* (Gai. 2, 157).

La succession des *sui heredes* est donc envisagée plutôt comme la prolongation d'un état préexistant que comme la création d'un état nouveau. Il s'ensuit que les *sui heredes* sont héritiers nécessaires (*sui et necessarii*) : ils n'ont pas à se prononcer sur une offre qui leur serait faite et qu'ils auraient la possibilité de décliner; mais leur puissance, jusque-là engourdie, s'éveille automatiquement et en fait de plein droit des chefs, avec tous les devoirs que cette qualité impose. Le *suus heres* continue à tous égards la personnalité du défunt chef de famille; il reprend automatiquement et la direction du culte domestique et la maîtrise du chef, tant sur les personnes libres (*familiares*) que sur tous les biens (*familia pecuniaque*) de la maison.

S'il y a plusieurs héritiers siens, s'opère-t-il un partage entre eux? Il est possible que, au début, les *sui heredes* restaient fédérés sous la direction de l'aîné, car on représente généralement la *gens* primitive comme une fédération de familles sous la souveraineté de l'aîné des chefs. Mais tout ceci n'est que conjecture. Aux temps historiques, il y a entre plusieurs héritiers siens une division, qui se fait sur une base restée d'ailleurs immuable, à savoir la répartition des *familiares* entre les *sui heredes* : chacun de ceux-ci sera le chef d'un groupe de personnes libres constitué par sa femme et ses descendants, sans qu'il ait jamais été question d'attribuer les *familiares* en nombre égal à chacun des héritiers siens. Quant au culte des ancêtres, il était entretenu par les *sui heredes* conformément aux injonctions de l'édit des pontifes; et peut-être cet édit a-t-il envisagé de bonne heure la perpétuation séparée des *sacra* par chacun des héritiers siens à la tête de son groupe autonome. Enfin pour ce qui est des biens de la *domus*, l'habitude paraît s'être conservée longtemps de ne pas les partager entre les *sui heredes* : couramment ceux-ci continuaient à vivre en commun dans la maison paternelle en un *consortium* de familles; des exemples de cet usage nous sont rapportés jusque vers la fin de la période républicaine; le plus connu est celui du *consortium* des 16 Aelii, deux siècles av. J. C. (Val. Max. 4, 4, 8; Plutarque, *Aemil.* 5). Ceci n'est autre chose, à cette époque tardive, qu'une situation de fait, maintenue par l'assentiment implicite de tous les intéressés. Mais la persistance de pareil usage permet de conjecturer que le droit pour un *suus heres* d'échapper au *consortium* en provoquant le partage des biens de la *domus* n'a pas existé de très ancienne date. Originairement l'ensemble des biens (*familia pecuniaque*) restait commun aux *fratres consortes*; de sorte que s'il arrivait que l'un de ceux-ci vint à mourir (sans laisser d'enfants par exemple), les survivants continuaient à posséder en commun l'ensemble des biens du *consortium*, y compris la part du frère décédé. Ils étaient, au regard de cette part, *in causa usucapiendi*, et bénéficiaient donc, au bout d'un an, de *l'usucapio pro herede* (*infrà* p. 114), à supposer qu'ils n'eussent pas été appelés eux-mêmes anciennement à recueillir la succession aux biens de leur frère, en leur qualité d'*agnati proximi*.

Peut-être le *consortium* des héritiers siens a-t-il d'abord été considéré comme une pure affaire de famille, à laquelle l'autorité restait tout à fait étrangère. Alors le partage des biens communs aux *fratres consortes* ne pouvait résulter que d'un accord unanime de ceux-ci. Le droit de chacun de provoquer un partage forcé n'aurait été consacré, selon les classiques (GAI., *D.* 10, 2, 1*pr.*), que par la loi des XII Tables, qui créa l'*actio familiae erciscundae* (1).

Le plus ancien testament. — La notion de la permanence du groupe familial romain, organisé autocratiquement, conduit à la notion de la survivance du chef dans la suite ininterrompue de sa postérité mâle. Au surplus, le témoignage sensible de l'immortalité du *paterfamilias*, dont la personnalité se perpétue dans la suite ininterrompue des générations, se trouve dans le culte des ancêtres soutenu sans défaillance par la postérité : la perpétuation de la personnalité du *paterfamilias* défunt cesse d'apparaître dès que finit la lignée des chefs de famille qui le comptent parmi leurs ancêtres et lui rendent par conséquent le culte domestique (2).

Le *paterfamilias* qui n'avait pas de fils avait donc la préoccupation d'assurer autrement la perpétuation du foyer où se rendait le culte domestique. Il a disposé de bonne heure à cet effet du procédé de l'*arrogatio*. Il suffit qu'il trouve, pour se prêter à une *arrogatio*, un *paterfamilias* qui consente à subir une *capitis deminutio* et à renoncer solennellement à soutenir le culte de ses ancêtres (*sacrorum detestatio*). Assurément ceci n'est possible qu'avec l'assentiment des pontifes; mais on peut imaginer sans peine des cas où aucune objection des pontifes n'est à craindre : si par exemple l'adrogé, n'ayant lui-même que des filles ou même aucun enfant, a par contre des frères dont la postérité mâle suffira à empêcher une interruption du culte des ancêtres.

Les inconvénients de la *capitis deminutio*, conséquence forcée de l'*arrogatio*, ont provoqué un perfectionnement du mode de désignation de l'héritier, le testament comitial, qui élude toute *capitis*

---

(1) Michon, dans *Mél. Cornil*, II, pp. 113 ss.

(2) WESTRUP, *La succession primitive devant l'histoire comparative*. Paris, 1928.

deminutio. La forme du testament comitial est semblable à la forme de l'*arrogatio* : la désignation de l'héritier était consacrée par un vote de l'assemblée populaire, précédé d'un décret approbatif des pontifes; cet assentiment du peuple était donné dans les comices curiates, réunis spécialement deux fois l'an à dates fixes (24 mars et 24 mai?), sous le nom de comices calates, présidés probablement par le *pontifex maximus*. Dans ce nouveau mode de désignation de l'héritier par la volonté du testateur et avec (vraisemblablement) l'assentiment de l'héritier, celui-ci n'entre pas dans la maison du *paterfamilias* pour y acquérir toutes les maîtrises en potentiel d'un *filiusfamilias*, maîtrises qui automatiquement (*ipso iure*), au décès du *paterfamilias*, s'épanouiraient en maîtrises de chef. Ici, sans stage préalable au foyer du testateur, l'héritier sera investi d'emblée, au décès du testateur, de toutes les maîtrises de chef de ce dernier : pour devenir héritier, il ne faut plus commencer par entrer dans la famille civile du *de cuius*; un étranger à la *domus* peut être investi de la direction de celle-ci, de l'assentiment de l'assemblée populaire et des pontifes, ces derniers réglant vraisemblablement dans un décret le sort des *sacra privata*.

Mais à cette différence près, le plus ancien testament comitial a rempli exactement la même fonction que l'*arrogatio*. Aussi les pontifes, qui n'ont jamais toléré une *arrogatio* faite par celui qui aurait un ou plusieurs fils (Ulp., *D.* 1, 7, 17 §3), se sont-ils sans doute opposés de même, au début, à la confection d'un testament comitial par un *paterfamilias* qui avait des héritiers siens.

De la succession dans la personne à la succession dans les biens. — La règle, qui perpétue dans l'héritier la personnalité du chef de famille décédé, entraîne les conséquences particulières suivantes : succession de l'héritier à la tête du culte domestique; succession dans les puissances domestiques du défunt; succession aux biens. De ces trois conséquences la dernière est la seule dont le règlement puisse être réellement abandonné à la volonté souveraine du *paterfamilias*; car pour permettre à celui-ci de régler le sort de ses biens à son décès, il suffit de respecter le droit de disposition du propriétaire jusqu'à son extrême limite dans le temps, c'est-à-dire pousser ce respect jusqu'à la disposition de dernière volonté.

L'organisation des *sacra privata* après le décès du *paterfamilias* n'était ni fixée par celui-ci ni abandonnée au caprice des héritiers, mais elle était réglée par décret des pontifes. Quant à la succession dans les puissances domestiques, elle a toujours échappé à toute action régulatrice du *paterfamilias* : il a toujours paru inconcevable que celui-ci eût pu répartir arbitrairement entre ses fils sa puissance sur ses petits-enfants, et il est toujours resté vrai que même la puissance réduite attachée aux droits de patronat ne peut être arrachée au fils par acte de dernière volonté du père (Gai. 3, 58).

Quant à la succession aux biens, ce n'est pas d'emblée et sans réserve qu'elle a été livrée à l'empire de la dernière volonté du *paterfamilias*. Le citoyen qui n'ayant pas de fils avait le souci de ne pas laisser s'éteindre son foyer, instituait un héritier dans un testament comitial et ne se souciait pas davantage du sort de ses biens, que recueillait tout naturellement le dit héritier. Par contre, le père de famille qui avait beaucoup de fils pouvait avoir une autre préoccupation : il pouvait craindre l'émiettement des biens du foyer. Sans doute aussi longtemps que se maintient la coutume des héritiers de continuer à vivre ensemble au foyer en un *consortium* de famille, l'émiettement du bien de famille était évité. Mais à mesure que cette coutume s'affaiblit, le danger d'émiettement grandit et le père de famille s'efforça de réagir. Il le fit par le procédé du testament comitial, qui devint maintenant possible même en cas d'existence d'héritiers siens : le *paterfamilias*, qui estimera avoir trop de fils, exposera ouvertement sa situation de famille et, avec l'assentiment des pontifes et des curies, il pourra exhéréder formellement une partie des *heredes sui* et n'en instituer qu'un seul ou un petit nombre. Les institués recueilleront seuls le bien de famille, tandis que les exhérédés en seront exclus ; mais ceux-ci, malgré l'exhérédation, ne seront privés ni de leur lien de parenté agnatique, ni de la puissance domestique sur leur femme et leurs descendants et même sur les clients et affranchis ; ils ne seront probablement pas davantage privés de leurs *sacra privata*, réglés par décret pontifical. La seule chose dont ils sont certainement dépouillés par l'exhérédation, c'est la *familia* ou les biens précieux par excellence, les *res mancipi* du *paterfamilias*.

Assurément devant les comices calates, le testateur n'eût pas obtenu l'assentiment du peuple et des pontifes à des exhérédations qui eussent laissé certains héritiers siens dans un état de dénuement complet. Il restait, pour gratifier les *sui* exhérédés, la *pecunia* ou les *res nec mancipi*, fortune moins stable ou moins solide du paysan romain. Aussi attribue-t-on aux XII Tables une maxime, dont la portée originaire la plus vraisemblable fut de donner au testateur la possibilité de faire, dans son testament comitial, des dispositions particulières sur sa *pecunia*, principalement sans doute au profit des *sui* exhérédés : *uti legassit super pecunia tutelave suae rei, ita ius esto* (Ulp. 11, 14 ; Paul : *D.* 50, 16, 53 *pr.*).

Il est vrai que cette maxime, qui ne proclame autre chose que la liberté de léguer (et même sur la *pecunia* seulement), sera invoquée plus tard en faveur de la liberté tant de tester que de léguer, sans plus distinguer entre la *familia* et la *pecunia* (Pomponius, *D.* 50, 16, 120; Gai. 2, 224).

Du moment où il est devenu possible à un *paterfamilias* qui a trop de fils d'éviter l'émiettement de sa *familia*, en réservant celle-ci, dans son testament comitial, à un ou quelques-uns de ses héritiers siens, il n'y avait qu'un pas à faire pour lui permettre de disposer, dans son testament comitial, de sa *familia* au profit d'un héritier étranger à la *domus*. Il suffisait, pour que ceci fût réalisable, que les circonstances particulières exposées par le testateur emportassent l'assentiment du peuple et des pontifes. En voici un exemple : le testateur n'a plus la certitude d'avoir un héritier sien, car il a de sérieuses raisons de croire que son fils absent est mort. (Cic. *de or.* 1, 38; Val. Max. 7, 7, 1); s'il a le souci de ne point laisser s'éteindre son foyer, ne serait-il pas trop rigoureux que l'incertitude le paralysât? Il pourra donc instituer héritier un étranger, en exhérédant formellement son fils probablement déjà décédé.

Testamentum in procinctu. — Gaius (2, 101) signale qu'il y avait, au début, deux formes analogues de testament : le testament comitial fait *in pace et in otio* et le testament *in procinctu* fait par le soldat devant le front des troupes avant la bataille. Le parallélisme de ces deux formes de testament se déduit de la présence de l'assemblée populaire (comices ou armée) dans les deux cas. Mais ce seul point certainement commun aux deux formes ne crée entre celles-ci qu'une affinité bien superficielle. Car si le testament comitial implique un assentiment donné par les pontifes et par le peuple, rien de pareil ne se remarque dans le *testamentum in procinctu*. De cette différence fondamentale on a proposé de déduire que le testament *in procinctu* serait le plus ancien testament autonome : par raison de nécessité il était affranchi de toute tutelle pontificale et populaire. Qu'on affranchisse ensuite de pareille tutelle tout testament fait même en temps de paix, et le testament sera devenu d'une manière générale un acte autonome de la volonté souveraine du testateur. Ainsi le *testamentum in procinctu* aurait fait le pont entre le vieux testament comitial (duquel il aurait d'ailleurs été contemporain) et le testament, disposition de volonté souveraine du *paterfamilias* (1).

Ce raisonnement serait séduisant s'il était bien établi que le testament *in procinctu* eût eu exactement le même contenu que le testament comitial. Or rien n'est moins certain. Car le testament comitial devait contenir l'institution d'un héritier, c'est-à-dire d'un continuateur de la personnalité du chef de la *domus*; et l'assentiment des

(1) Appleton, *Le testament romain*, 1903, pp. 79 ss. Extr. de la *RGD*. 1902-1903.

pontifes et du peuple était indispensable pour le choix de ce nouveau chef, pris soit hors de la *domus* à défaut de *sui*, soit parmi des *sui* trop nombreux. Vraisemblablement le testament *in procinctu*, fait d'urgence dans des circonstances exceptionnelles, qui ne laissaient place à aucun assentiment des pontifes et du peuple, n'avait pas la même portée que le testament comitial : il fournissait au soldat avant le combat le moyen de régler souverainement *in extremis* le sort de ses biens à son décès; et l'on peut même se demander si, au cas où le soldat reviendrait vivant de la campagne, les dispositions prises in *procinctu* seraient maintenues. En tout cas, à supposer que les dispositions testamentaires du soldat n'aient eu d'autre portée que de régler le sort de ses biens, il n'est nullement surprenant que Gaius les dénomme *testamentum* et les mette sur le même plan que le testament comitial, car au temps de Gaius le testament n'est autre chose qu'un mode de règlement de la succession aux biens.

Le testament *in procinctu* a survécu au testament comitial. Il semble que un siècle et demi av. J.C. ce dernier testament n'existait plus, tandis que le *testamentum in procinctu* subsistait (Cic. *de or.* 1, 53). Peut-être le testament privilégié des militaires, dans le droit impérial (Gai. 2, 109-111) n'est-il qu'un succédané de l'ancien *testamentum in procinctu*.

Succession de l'agnatus proximus et des gentiles. — On trouve dans une maxime des XII Tables le couronnement de l'évolution qui a transformé la notion de l'hérédité : quand l'ancienne conception de la perpétuation de la personnalité du *paterfamilias* se fut dégradée progressivement en la notion d'une succession dans l'ensemble de la *familia*, il ne restait plus à régler par la loi ou la coutume, à défaut d'héritiers siens et de testament comitial, que le sort de la *familia* du défunt. C'est ce que fait la maxime : *si intestato moritur, cui suus heres nec escit, adgnatus proximus familiam habeto; si adgnatus nec escit, gentiles familiam habento* (*Coll.* 16, 4)

La portée de cette maxime est la suivante : La perpétuation du foyer n'étant assurée ni par un *suus heres*, ni par un héritier institué dans un testament comitial, il conviendra que la *familia* — quand elle échappera ainsi au foyer qui s'éteindra — reste au moins dans le même groupe familial plus large : d'abord dans le groupe agnatique, représenté par *l'adgnatus proximus*, et, à défaut de celui-ci, dans le groupement familial plus ample de la *gens*.

Il est assez surprenant pourtant que, entre deux groupes (*domus* et *gens*), qui sont appelés comme tels à recueillir la succession, soit intercalée une individualité (*adgnatus proximus*) à laquelle la succession est déférée. Cette particularité a fait croire que la succession de l'*adgnatus proximus* aurait été une innovation des XII Tables, alors que la succession des *domestici* et des *gentiles* remonterait à un *mos maiorum* beaucoup plus ancien (1).

Testamentum per aes et libram. — Enfin parallèlement aux prescriptions coutumières ou légales qui se bornent à régler le sort de la *familia* du *paterfamilias* défunt, s'est développé l'usage des dispositions testamentaires qui ne portent non plus que sur la *familia*. Grâce à l'*interpretatio*, la forme de la *mancipatio* fut étendue d'une *res mancipi* isolée à un ensemble de *res mancipi*, la *familia*, et par ce procédé le *paterfamilias* put régler le sort de sa *familia* autrement que le faisait la coutume ou la loi.

Le *testamentum per aes et libram* consistait dans une *mancipatio* de la *familia* pour un prix fictif. Dans le cérémonial de l'opération, l'affirmation du *familiae emptor* était, non pas une affirmation de propriété (*familiam meam esse aio*) ,qui eût emporté dessaisissement définitif du testateur, mais seulement l'affirmation qu'il prenait sous sa garde le bien du testateur : *familiam tuam endo custodela mea esse aio* (Gai. 2, 104). Cette *mancipatio familiae in custodelam* n'était (pas plus que le testament comitial) une disposition unilatérale de dernière volonté : c'était une forme contractuelle conférant au *familiae emptor* des droits qui restaient en suspens jusqu'au décès du testateur. Les droits que le *familiae emptor* acquérait étaient comme des droits d'héritier, *heredis locum obtinebat* (Gai. 2, 103), c'est-à-dire qu'il était dans la situation d'un intermédiaire fiduciaire, qui a pu être comparé à un exécuteur testamentaire; car ce n'est pas lui qui est héritier, la *nuncupatio* insérée dans la *mancipatio familiae* contenant l'institution d'héritier et la désignation de légataires, dispositions qui seront obligatoires au décès en vertu de la maxime : *cum nexum faciet mancipiumque, uti lingua nuncupassit ita ius esto.*

La voie détournée de la *mancipatio* à un *familiae emptor*, qui n'était qu'un intermédiaire, s'explique sans doute par la raison que l'héritier institué pouvait être une personne incapable d'accomplir une *mancipatio* (un *infans* par exemple) ou de traiter avec le testateur (une *subiecta persona* de celui-ci par exemple).

Les sacra privata dans la succession aux biens. — Dans la succession, soit testamentaire, soit *ab intestat*, il n'est plus question maintenant que de la *familia*, c'est-à-dire du bien de famille par excellence. Assurément la succession a englobé bientôt aussi la *pecunia*; mais ceci fut déjà une extension, comme il ressort claire-

(1) Michon, *NRHD.*, 1921, pp. 119 ss.

ment de la forme du testament par *mancipatio*, cette forme de la *mancipatio* ayant été créée pour les *res mancipi* (*familia*) et n'ayant donc pu être appliquée à d'autres choses (*pecunia*) que par extension. En tout cas, la succession à la *familia* ou même à la *familia pecuniaque* n'est toujours qu'une succession aux biens. Il est vrai que le souci de maintenir sans défaillance le culte des ancêtres ne s'est pas dissipé, et que le règlement des *sacra privata* continue à être établi par un édit des pontifes. Seulement il arrivera maintenant que les pontifes mettront leur édit en corrélation avec la notion d'une pure succession aux biens : ils envisageront les *sacra privata* comme une charge pécuniaire qui doit incomber à ceux qui reçoivent le plus de biens de la succession. Nous savons, par exemple (Cic. *de leg.* 2, 19-21), dans quel ordre Q. Mucius Scaevola, grand pontife environ un siècle av. J.-C., fait supporter la charge des *sacra privata* aux bénéficiaires de la succession aux biens : 1° l'héritier ; 2° le légataire qui recueillerait à lui seul autant que tous les héritiers ensemble ; 3° le bénéficiaire de l'*usucapio pro herede* ; 4° le créancier qui, en recevant satisfaction, se trouve être celui qui retire le plus grand profit de la succession ; 5° enfin le débiteur qui, en ne payant pas sa dette, réalise aussi un profit aux dépens de la succession (1).

La femme dans le droit d'hérédité. — Les puissances domestiques étant l'apanage exclusif de l'homme, c'est uniquement la personnalité d'un *paterfamilias* qu'il convient de perpétuer pour que le foyer ne s'éteigne pas au décès du chef de famille. Aussi bien était-il de toute impossibilité qu'une femme eût des héritiers siens (Gai. 3, 51 : *nunquam feminae suum heredem habere possunt*), ou prît part aux comices calates.

Une femme pouvait-elle être héritière ? Rien n'autorise à dire que la fille ait jamais été exclue du groupe des *sui heredes*. D'ailleurs, comme ceux-ci continuaient à vivre en commun, il n'y avait guère d'inconvénient à ce que la fille ne pût être chef de famille. Cet inconvénient n'apparaissait que lorsqu'il n'y avait d'autres héritiers siens que des filles. Or c'est là vraisemblablement l'un des cas où le *paterfamilias* ressentait le plus impérieusement le besoin de faire un testament comitial, dans lequel il exhérédait ses filles et se contentait de leur léguer sa *pecunia*.

Quand l'hérédité est devenue une succession aux biens, il n'y eut plus d'obstacle à ce qu'une femme recueillît, en tout ou en partie, une *familia*, ni que sa propre *familia* se transmît à son *agnatus proximus*. Pouvait-elle aussi disposer de sa *familia* dans un testa-

(1) Lepointe, *Quintus Mucius Scaevola*, I. Paris, 1926, pp. 100-115.

ment *per aes et libram*? Il semble que ce droit ne lui ait été reconnu d'une manière générale que sous Hadrien (Gai. 1, 115*a*). Jusque-là seules les affranchies pouvaient tester avec *l'auctoritas tutoris*; de sorte que les ingénues, pour pouvoir en faire autant, usaient de l'expédient d'une *coemptio* fiduciaire, la *coemptio testamenti faciendi gratia*, dans laquelle, à la suite de l'affranchissement de la *causa mancipii*, la femme avait l'état d'affranchie de son acquéreur fiduciaire.

Héritiers nécessaires. — Tant que l'hérédité est considérée comme la perpétuation de la personnalité du *paterfamilias* à la tête de la maison, la qualité d'héritier est indélébile ; la personnalité du défunt ayant trouvé sa prolongation dans la personne de l'héritier, il ne se conçoit pas qu'il puisse cesser d'en être ainsi aussi longtemps que vit le continuateur de la personne décédée. La règle « *semel heres semper heres* », qui formulait cette vérité, s'est conservée par survivance dans le droit classique, où elle est appliquée, sans justification satisfaisante, à l'héritier envisagé comme successeur aux biens seulement.

Cette qualité irrévocable de continuateur de la personnalité du défunt, l'héritier la tenait directement de la loi : soit de la loi commune, si c'était l'héritier sien, soit d'une loi individuelle, si c'était l'héritier institué dans les comices calates. Aussi l'héritier était-il investi de cette qualité de plein droit (*ipso iure*), au moment même du décès de *de cuius*. Ceci est relevé *in terminis* par les classiques pour les héritiers siens seulement, qui sont dénommés *sui et necessarii* (Gai. 2, 156). Par contre, les classiques ne font point allusion à la façon dont l'institué dans un testament comitial était investi de la qualité d'héritier; et ce silence s'explique sans peine, car au temps des classiques le testament comitial avait disparu depuis longtemps, tandis que l'hérédité des *sui* avait conservé sa valeur pratique. Dans ces conditions, est-il téméraire de conjecturer que, au point de vue de l'acquisition de la qualité d'héritier, il faut assimiler aux *sui* les héritiers institués par un vote populaire, émis dans les comices calates, sur *rogatio* du *pontifex maximus* qui s'était sans doute préalablement assuré de l'assentiment de l'héritier à désigner?

La similitude de régime de l'héritier sien et de l'héritier institué *in calatis comitiis* (tous deux héritiers nécessaires) n'est-elle pas rendue vraisemblable par la circonstance qu'elle peut contribuer à éclairer la portée originelle d'une vieille règle énigmatique, conservée jusque dans le droit de Justinien : *neque idem ex parte testatus et ex parte intestatus decedere potest* (*I.* 2, 14 § 5).

Cette règle, qui proclame le caractère exclusif des deux modes de désignation de l'héritier, se justifie sans grand'peine, quand elle vise l'héritier en tant que continuateur de la personnalité du défunt. La règle signalait la différence radicale et unique qui séparait l'héritier désigné par la loi commune de l'héritier désigné par une loi individuelle votée aux comices calates. Cette différence résidait uniquement dans le mode de désignation de l'héritier : la perpétuation de la personnalité du défunt était une question d'ensemble, qui ne pouvait pas faire l'objet de différentes réglementations fragmentaires; il fallait qu'elle fût réglée dans sa totalité soit par la loi commune soit par une loi individuelle des comices calates; de là l'impossibilité pour un défunt d'avoir des continuateurs de sa personnalité désignés, les uns par la loi commune, les autres par les comices calates. Quand l'hérédité sera devenue une pure succession aux biens, le caractère exclusif des deux modes de désignation de l'héritier se justifiera malaisément, et la vieille règle se conservera alors par la seule force de la tradition. Mais en dehors de la différence, qui tient au mode de désignation, aucune différence de régime n'était signalée entre les deux catégories de continuateurs de la personnalité du défunt; ne s'ensuit-il pas qu'il est fort vraisemblable que tous étaient également des héritiers nécessaires? Il est remarquable d'ailleurs que Gaius (2. 152 ss.) — qui ne connaît plus d'exemple de testament comitial et qui ne voit plus dans l'hérédité qu'une succession aux biens — assimile encore aux *sui* une espèce particulière d'héritier testamentaire, qu'il traite d'héritier nécessaire : à savoir le *servus cum libertate heres institutus*.

Héritiers volontaires. — L'héritier qui n'était pas investi par la loi commune ou par les comices calates de la qualité de continuateur de la personnalité du défunt était appelé seulement à recueillir la *familia*, c'est-à-dire l'ensemble des biens du défunt. A cet héritier-ci la succession aux biens était déférée ou offerte (*familiam habeto*) et il ne l'acquérait que s'il en exprimait la volonté. L'expression « *adire hereditatem* » (aller à l'hérédité) désignait l'activité de l'héritier qui révélait sa volonté d'acquérir la succession aux biens : pour s'affirmer héritier, il entrait dans l'*heredium* (lequel avec son contenu constituait l'ensemble de la *familia*); tandis que le *suus heres*, qui était déjà antérieurement dans l'*heredium*, y restait; même quand on ne verra plus en lui aussi qu'un successeur aux biens, il n'aura pas à *adire hereditatem*, il restera toujours héritier de plein droit ou héritier nécessaire.

Hereditas iacens et usucapio pro herede. — Aussi longtemps que l'héritier appelé à recueillir la *familia* du défunt ne s'est pas prononcé en faisant l'*aditio hereditatis*, la *familia* qui n'a pas été ramassée (*hereditas iacet*) reste sans maître. Il résulte de là que celui qui s'empare de l'*hereditas iacens* ou *familia* sans maître n'a pas agi *invito domino* et qu'il pourra, par la possession ininterrompue d'un an, usucaper la *familia* dans son ensemble; de sorte qu'il sera mis ainsi lui-même dans la condition de l'héritier aux biens (Gai. 2, 52-58; 3, 201). Pareille usucapion — dont il ne pouvait naturellement jamais être question à l'encontre d'un héritier nécessaire, — parce qu'elle emportait pour son bénéficiaire la charge des *sacra privata*, avait l'avantage d'abréger la suspension du culte domestique due à l'inertie de l'héritier appelé à recueillir la *familia*, au temps où la charge des *sacra privata* suit le profit de la succession aux biens (*suprà*, p. 111).

Institution cum cretione. — Le testateur pouvait, dans le testament *per aes et libram*, prendre une disposition destinée à empêcher que la jacence de l'hérédité se prolonge outre mesure. A cet effet, l'héritier était institué *cum cretione*, c'est-à-dire avec injonction de se prononcer solennellement sur la délation, dans les cent jours qui suivent le décès. La *cretio* était une acceptation en termes sacramentels, « *eam hereditatem adeo cernoque* » (Gai. 2, 166; Ulp. 22, 28), prononcés en présence de témoins (Varron, *l. l.* 6, 81; Cic. *ad Att.* 13, 46, 3; Gai. d'Autun, 42). Le délai de cent jours, dont disposait l'héritier institué *cum cretione*, était ordinairement un *tempus utile ratione initii et ratione cursus* (*cretio vulgaris* : *in diebus centum proximis, quibus scies poterisque*. Gai. 2, 165; Ulp. 22, 27), mais il pouvait être aussi un délai continu (*cretio continua*, Gai. 2, 171-173; Ulp. 22, 31-32). Quand l'héritier institué *cum cretione* restait inactif, il y avait, à l'expiration du délai, dévolution de l'hérédité à l'*agnatus proximus*, héritier appelé à recueillir la *familia* à défaut de testament.

In iure cessio hereditatis. — L'*agnatus proximus*, appelé à recueillir la *familia* à défaut de testament et d'héritiers siens (*si intestato moritur, cui suus heres nec escit, adgnatus proximus familiam habeto*), n'était pas enfermé par la loi dans un délai pour se prononcer sur la délation de l'hérédité. Mais il pouvait toujours céder *in iure* à autrui son droit d'*adire hereditatem*, dont il n'entendait pas faire usage lui-même : *si legitimam hereditatem heres, antequam cernat, alii in iure cedat, pleno iure fit ille heres, cui cessa est hereditas, proinde ac si ipse per legem ad hereditatem vocaretur* (Gai. 3, 85; cf. 2, 35; Ulp. 19, 11-15). Ainsi l'*agnatus proximus*, quand il n'acquérait pas la *familia* qui lui était déférée, pouvait cependant soustraire celle-ci à l'*usucapio pro herede*, en faisant *in iure cessio hereditatis* à un tiers de son choix.

La faculté de faire *in iure cessio hereditatis* n'était pas accordée semblablement à l'héritier institué *per aes et libram*, qui entendait ne pas faire *aditio hereditatis*; car en pareil cas, à défaut d'acceptation de la succession par l'institué, il y avait dévolution à l'*agnatus proximus*. Par contre, le refus de l'*agnatus proximus* (seul appelé parmi les agnats), ne donnait lieu à aucune dévolution : *in hereditate legitima successioni locus non est* (Gai. 3, 12; Paul. 4, 8, 21); de sorte que l'*in iure cessio hereditatis* faite par l'*agnatus proximus* ne contrariait aucune espérance successorale légitime.

Actions de l'héritier et transmissibilité des obligations. — L'ancien héritier qui perpétuait la personnalité du chef à la tête du foyer devenait de plein droit le maître de la *familia*, c'est-à-dire de l'*heredium* avec ses appartenances et dépendances. Bénéficiait-il aussi des devoirs assumés au profit du défunt et pouvait-il poursuivre la réalisation des engagement formés pour l'accomplissement des dits devoirs? Inversement restait-il engagé pour l'accomplissement des devoirs assumés par le défunt?

Rappelons que l'engagement formé pour l'accomplissement d'un devoir se réalisait par les voies d'exécution de la justice privée; et l'on n'a pas oublié non plus comment il faut entendre l'antériorité historique de l'engagement délictuel à l'engagement contractuel *suprà* pp. 82 ss.).

Pour ce qui est de l'engagement délictuel, il est naturel qu'il ne soit pas dénoué par la mort du chef de famille lésé (créancier), si l'on tient que le groupe de famille se perpétue malgré le changement de chef. On serait assez porté à justifier par le même raisonnement la transmission passive de l'engagement délictuel au décès du *paterfamilias* coupable (débiteur); et peut-être y eut-il un temps où la justice privée fut considérée comme s'exerçant de groupe à groupe, indépendamment de toute mutation de chef de part et d'autre. Mais ceci est une pure conjecture; et il ne faut pas oublier que, dans le plus ancien droit romain connu, la mise en œuvre de la justice privée nous apparaît longtemps limitée à des voies d'exécution sur la personne même du *paterfamilias* coupable (mise à mort ou vente *trans Tiberim*). Cette circonstance fit prévaloir l'idée que l'engagement délictuel se trouvait dénoué à la mort du *paterfamilias* délinquant.

L'apparition de l'engagement contractuel marque le point d'irruption du crédit; or l'idée de crédit s'est développée, non pas au début de la civilisation romaine, mais seulement au stade assez tardif de transformation de l'économie purement agricole en économie monétaire. Les voies d'exécution de l'engagement contractuel sont les mêmes que celles de l'engagement délictuel : on ne les conçoit pas autrement qu'exercées sur la personne même de l'engagé. Aussi est-il vraisemblable que, au début, l'engagement contractuel ait été, comme l'engagement délictuel, considéré comme dénoué à la mort de l'engagé (débiteur). Une trace de ce régime primitif peut être relevée dans les sources historiques, qui nous enseignent que l'engagement de la caution, établi dans les formes anciennes de la *sponsio* (et même de la *fidepromissio*), était intransmissible passivement (Gai. 3, 120; 4, 113); or nous savons que l'engagement du *sponsor* a précédé historiquement l'engagement contractuel du débiteur même, auquel il a servi de modèle (*suprà* pp. 93 ss.). Quant à la transmission active de l'engagement contractuel, dont le bénéfice resterait acquis au foyer créancier, préservé d'extinction grâce à la suite ininterrompue des chefs qui le personnifient et le perpétuent sans défaillance, il paraît aussi naturel de l'admettre que la transmission du bénéfice d'un engagement délictuel.

Quand on ne voit plus dans tout héritier qu'un successeur à l'ensemble des biens, tel que l'*agnatus proximus* et l'héritier institué *per aes et libram*(1), la question de la transmissibilité des engagements se présente sous un angle nouveau. Sans doute, il n'est pas fait d'emblée table rase de l'ancien point de vue; mais maintenant, pour trancher la question de la transmission des engagements, — tout autant que pour déterminer en droit sacré le sort du culte domestique (*suprà*, p. 111), — les considérations d'ordre patrimonial deviennent prépondérantes.

Le profit des obligations, soit contractuelles, soit délictuelles, n'a probablement pas été compris d'emblée dans l'ensemble des biens à recueillir par l'*agnatus proximus* ou par l'héritier institué *per aes et libram*. Il y a de bonnes raisons de croire que la succession aux biens déférée à ceux-ci ne contenait au début que des choses corporelles. Ceci résulte d'indices assez significatifs : le noyau de l'*hereditas* était l'*heredium* ou immeuble héréditaire; la règle des XII Tables « *adgnatus proximus familiam habeto* » et la forme de testament par *mancipatio familiae* ont certainement commencé par s'appliquer uniquement à des *corpora*; et l'on est porté à concevoir plus aisément aussi l'ancienne *usucapio pro herede* sous l'aspect d'une usucapion de choses corporelles. L'*actio familiae erciscundae*, qui remonte aux

(1) Pour Cicéron, *top.* 6, 29, l'hérédité n'est plus qu'une succession aux biens et l'idée de la perpétuation de la personnalité est abandonnée. Mais depuis combien de temps cette conception était-elle alors devenue courante?

XII Tables (Gai., *D.* 10, 2, 1 *pr.*) ne visait non plus, comme l'indique l'emploi du mot *familia*, que des choses corporelles à partager entre les cohéritiers. Ceci est d'ailleurs toujours resté vrai et l'on formule comme corollaire de la règle, qui consacre l'existence d'une action en partage des *corpora hereditaria*, la maxime attribuée aussi aux XII Tables : *ea, quae in nominibus sunt, ipso iure in portiones hereditarias ex lege duodecim tabularum divisa sunt* (Gordien, *C.* 3, 36, 6). Seulement il paraît aujourd'hui démontré que les XII Tables se bornaient à créer l'*actio familiae erciscundae* pour le partage des *corpora hereditaria*, et que les jurisconsultes ont ultérieurement complété cette affirmation, en ajoutant que *nomina ipso iure dividuntur* (1). Il vint donc un temps (après les XII Tables) où l'héritier, en tant que successeur à l'ensemble des biens, bénéficia des créances soit contractuelles, soit délictuelles, considérées comme un accroissement de l'actif de l'hérédité.

Quant à la charge des liens oligatoires dans lesquels le *de cuius* était engagé, elle est toujours restée intransmissible à l'héritier, successeur aux biens, lorsque l'obligation était délictuelle. Gaius (4, 112) l'affirme encore catégoriquement : *est enim certissima iuris regula, ex maleficiis poenales actiones in heredem nec competere nec dari solere.* Par contre, lorsque le *de cuius* s'était lié par contrat, la charge de l'engagement a été considérée d'assez bonne heure comme transmise à l'héritier successeur aux biens; car si l'engagement contractuel du débiteur s'est formé à l'image des plus anciens modes d'engagement de la caution, et que l'engagement de l'ancienne caution-*sponsor* ne survivait pas à celle-ci, il n'en est plus de même du mode plus récent d'engagement de la caution-*fideiussor* : l'engagement du fidéjusseur se transmet à la charge de son héritier (Gai. 3, 120). Quand il sera admis que *fideiussoris heres teneatur*, il deviendra inconcevable que *promissoris heres non teneatur*. Alors se formera la règle « *Bona intelliguntur cuiusque, quae deducto aere alieno supersunt* » (Paul. *D.* 50, 16, 39 § 1), — notre *aes alienum* étant entendu de *quod nos aliis debemus* (Ulp., *D.* 50, 16, 213 § 1).

Voici donc que l'héritier, successeur à l'ensemble des biens, supporte intégralement la charge des engagements contractuels qui liaient le défunt. Or si l'on s'en tenait au point de vue purement patrimonial, qui impose les charges à celui qui a les profits, on devrait dire que la succession aux biens n'entraînerait de responsabilités pour l'héritier qu'à concurrence de l'actif recueilli. Il n'en est pas ainsi, et les responsabilités contractuelles du défunt se perpétuent sans limite à la charge de l'héritier, successeur aux biens :

(1) Viktor Korosec, *Die Erbenhaftung nach römischem Recht*, I (1927), pp. 54-59.

il paraît manifeste que, en cette conséquence particulièrement importante, survit l'ancienne conception de l'hérédité sous la forme d'une perpétuation de la personnalité. Cette survivance s'est conservée, on le sait, jusqu'en droit moderne.

La question de la transmission des engagements, dont le *de cuius* était sujet actif ou passif, se ramène à la question de la transmissibilité active ou passive des *actiones in personam*, quand on se représente que l'action en justice est devenue le prélude normal de la réalisation des engagements. L'aboutissement de l'évolution, que nous avons signalée, peut donc être formulé ainsi : les *actiones ex contractu* se transmettent activement et passivement, tandis que les *actiones ex maleficiis* se transmettent activement mais non passivement (Gai. 4, 112-113).

Outre les *actiones in rem* et les *actiones in personam*, relatives aux *bona hereditaria* qui englobent et les *corpora* et les *nomina*, l'héritier (successeur à l'ensemble des biens) disposait d'une *vindicatio generalis*, destinée à trancher une *controversia de hereditate*. Cette action s'intentait dans la forme du *sacramentum in rem*, qui impliquait une *vindicatio* et une *contravindicatio* : *hanc hereditatem meam esse aio* (Gai. 4, 17).

Enfin, lorsqu'il y a plusieurs héritiers, chacun d'eux, étant héritier pour une fraction, a contre les autres, depuis les XII Tables, une action en partage des *corpora hereditaria*, l'*actio familiae erciscundae*, qui s'engageait vraisemblablement *per iudicis arbitrive postulationem* (Cic. *pro Caec.* 7, 19; loi dite *Rubria de Gallia cisalpina*, 23).

LIVRE V

La procédure civile

En marge de toute justice organisée. — De tout temps il a été permis à chacun de procéder, par ses propres moyens et sans intervention des pouvoirs publics, au redressement des torts qu'il a subis. Aujourd'hui, grâce au principe de la liberté des contrats, les intéressés peuvent toujours préférer à un procès une transaction qui ne heurte ni les bonnes mœurs ni l'ordre public. Semblablement les anciens Romains toléraient, dans des limites plus larges et assez mal définies, que le particulier lésé procédât à un redressement par sa puissance ou son habileté personnelles, sans aucune intervention de l'autorité. La mesure, qu'il est interdit ici de dépasser, ne sera précisée que tardivement : quand les progrès de l'organisation proprement judiciaire justifieront une délimitation plus rigoureuse des initiatives particulières, tolérées en marge de la justice organisée.

Une loi *Iulia de vi publica et privata* (de César ou d'Auguste) frappera de peines graves quiconque usera de violence pour opérer le redressement de torts qu'il subit (Paul 5, 26, 4 ; Modestin, *D.* 48, 7, 8). Dans la seconde moitié du IIe siècle de notre ère, le *Decretum divi Marci* punira de la perte de sa créance le créancier qui, sans avoir recours à la justice organisée, se payera sur les biens de son débiteur, de sa seule autorité, même sans violence (*D.* 4, 2, 13 ; 48, 7, 7). Enfin, en 389, une constitution de Valentinien, Théodose et Arcadius punira de la perte de la propriété celui qui prendra sa chose de force au possesseur (*C. Th.* 4, 22, 3 = *C.* 8, 4, 7). Ces dispositions enrayeront, on le voit, certaines activités agressives unilatérales destinées à opérer, d'autorité purement privée, le redressement de torts ou lésions. Quant aux activités privées unilatérales qui, par la mise en œuvre de procédés préventifs, tendent à éluder un tort imminent, on sait que, de nos jours encore, elles sont permises, dans une mesure limitée, en marge de la justice organisée : sous le nom de légitime défense, elles restent tolérées, dans des conditions déterminées par la coutume ou par la loi (*suprà*, p. 4).

La justice privée contrôlée. — Quand le particulier, pour le redressement d'un tort subi, voulait exercer, sans tempérament ni transaction, le droit de vengeance privée que lui reconnaissait la coutume, il le pouvait assurément. Mais ici un contrôle s'imposait ;

car abandonner à chacun le soin de faire respecter ses droits subjectifs sans soumettre son activité à aucun contrôle, ce serait sacrifier toute idée d'organisation sociale, si rudimentaire soit-elle. C'est dans le contrôle, auquel les communautés politiques les plus archaïques soumettent l'exercice de la justice privée, que se trouve le noyau de l'organisation judiciaire.

Le plus ancien contrôle de la justice privée que l'on relève généralement, c'est un contrôle assez vague de l'opinion publique, représentée par les voisins ou les proches des particuliers intéressés. (*Suprà*, p. 79). Des vestiges de ce régime primitif se sont conservés dans certains actes de procédure : la *pignoris capio* est restée une prise de gage accomplie par les propres moyens de l'intéressé, sans intervention des pouvoirs publics (Gai. 4, 29); l'*in ius vocatio*, selon les XII Tables (*tab.* I), consistait à attraire de force, devant le magistrat, un adversaire dont la résistance avait été constatée par un appel à des témoins : *ni it, antestamino ; igitur cum capito.*

Au contrôle des voisins, provoqué par une *conclamatio* ou une *antestatio*, s'est substitué de bonne heure le contrôle plus énergique des pouvoirs publics. Ceux-ci ayant pour fonction primordiale d'assurer, dans l'ordre (public), l'existence et l'épanouissement de la communauté politique, auront à contenir l'exercice de la justice privée dans des limites telles, que la paix publique et l'existence même de la collectivité ne soient pas mises en péril.

Sous ce régime de la justice privée contrôlée par les pouvoirs publics, les intéressés doivent prendre l'initiative de provoquer l'intervention de l'autorité. Ils n'adressent pas au magistrat, comme sous le régime moderne de la justice publique, une *demande* ou une *plainte*, en vue d'obtenir du magistrat une solution impartiale; mais ils procèdent par voie d'*action*, au sens littéral de ce mot, c'est-à-dire qu'ils développent leur activité personnelle, de façon à mettre en œuvre la justice privée sous les yeux du magistrat.

Par ses propres moyens, l'intéressé attrait son adversaire devant le magistrat (*in ius vocatio*); et ici il poursuit l'exercice de sa justice privée, dans la forme fort ancienne de la *manus iniectio*, ou mainmise sur l'adversaire, accomplie *coram magistratu*. Cette très ancienne procédure de la *manus iniectio coram magistratu* semble pouvoir être rattachée assez aisément au temps où l'on attendait l'aplanissement des différends, bien plus des actes ou des transactions des intéressés que d'une intervention de l'autorité; car la fixation préalable d'une *certa pecunia*, dont le paiement pourrait toujours apaiser le conflit, était une condition à laquelle le magistrat subordonna toujours son assistance à la *manus iniectio*. Cette condition est restée fondamentale aux yeux du magistrat, au point que, tout au moins transitoirement et dans des cas particulièrement topiques, il omit d'avoir égard à des conditions nouvelles, mises à l'accomplissement de la *manus iniectio coram magistratu* : ainsi, lorsque l'accord préalable, qui fixait la *certa pecunia* libératoire était constaté dans un acte formel, tel que le *vadimonium* ou le *nexum* par exemple, le magistrat a continué longtemps à prêter d'emblée son concours à la *manus iniectio*, sans se préoccuper de conditions nouvelles qui retardaient davantage cette procédure générale d'exécution.

Ius et iudicium. — Dans le régime de la justice privée contrôlée par l'autorité, il est à craindre que le magistrat, appelé uniquement à prévenir les écarts des intéressés, ne favorise arbitrairement de son appui l'activité de l'un des adversaires aux prises. Il semble que cet abus dut se produire assez fréquemment ; car il provoqua une mesure orginale de protection des parties litigantes contre l'arbitraire des magistrats. Toute procédure contentieuse fut obligatoirement divisée en deux phases : le *ius*, qui se déroule devant un magistrat du peuple romain, et le *iudicium*, qui se déroule devant un arbitre privé (1).

L'innovation, qui astreint le magistrat, devant lequel se déroule la procédure de justice privée (*in iure*), à organiser un arbitrage en vue de faire trancher le différend (*in iudicio*), est représentée traditionnellement comme une réforme démocratique de l'organisation judiciaire, qui se rattacherait soit à la constitution de Servius Tullius (DENYS, 4, 25 ; 4, 36 ; 10, 1), soit à la fondation de la République CIC. *de rep.* 5, 2, 3). Comme les auteurs qui nous révèlent cette réforme appartiennent à une époque où est devenue courante la notion d'une justice publique, organisée ou rendue par des magistrats proprement judiciaires, ils insèrent très naturellement ladite innovation dans le cadre de l'organisation de la justice publique : ce serait pour donner au peuple une garantie contre l'arbitraire des magistrats judiciaires que ceux-ci auraient été dépouillés du droit de trancher eux-mêmes les différends portés devant eux, leur intervention étant réduite désormais au renvoi des plaideurs devant un arbitre privé, choisi spécialement pour chaque affaire.

Eliminons l'anticipation, qui consiste à reporter, en un temps où elle était certainement encore inconnue, l'organisation d'une véritable justice publique. Il reste alors le fond de vérité suivant : après la chute du régime autocratique ou expulsion des rois, le peuple eut le souci de protéger les particuliers contre l'arbitraire des pouvoirs

(1) Sur la séparation du *ius* et du *iudicium*, consulter la note récente de Paul Koschaker, *Z.S.St.*, 1930, pp. 724-725.

publics, tant dans l'exercice direct du droit de vengeance de la collectivité que dans la surveillance de la mise en œuvre de la justice privée.

Au début, le roi, chef suprême, prenait sans contrôle et sans frein les mesures d'auto-justice ou de défense violente de la communauté politique contre les auteurs des méfaits graves, qu'on appellera plus tard délits publics (*suprà*, p. 78). Le premier tempérament à cet exercice arbitraire de l'auto-justice par le chef suprême est rattaché au changement de régime politique : immédiatement après l'expulsion des rois, les deux premiers consuls, Valerius et Horatius, auraient fait voter une loi qui donnait à tout citoyen frappé de la peine capitale le droit d'en appeler au peuple (*provocatio ad populum*). Quand il s'agit de méfaits moins graves, qui font surgir un différend purement privé, dont la solution est demandée à la justice privée, la mission du chef suprême se réduit à un contrôle ou une surveillance de l'activité des intéressés eux-mêmes ; car la seule chose qui importe ici à la collectivité et à son chef, c'est de prévenir, de la part des intéressés, des écarts qui mettraient en péril la communauté elle-même. Seulement il s'entend que l'exercice de cette haute surveillance laissait place à l'arbitraire du chef suprême, qui pouvait toujours, en fait, favoriser de son appui l'un des adversaires aux dépens de l'autre. Sur ce terrain aussi, des garanties contre l'arbitraire des magistrats s'imposaient au moment du changement de régime politique. Ces garanties furent données par la séparation du *ius* et du *iudicium* : pour empêcher le magistrat de fournir arbitrairement son appui à l'une des parties, il lui fut enjoint de suspendre le cours de la justice privée, par l'organisation d'un arbitrage, afin de réserver ensuite son appui à celui des deux adversaires auquel l'arbitre aura donné raison.

Legis actiones. — La fonction de la plus ancienne autorité judiciaire était de contenir l'exercice de la justice privée à l'intérieur d'un cadre déterminé. Or ce qui faisait apparaître aux yeux du magistrat qu'un acte de justice privée était licite, c'était le respect scrupuleux par les intéressés de certains rites fixés par la coutume ou la loi. Les adversaires devaient, en personne (*nemo alieno nomine lege agere potest* ; Gai. 4, 82; Ulp. *D.* 50, 17, 123*pr.*), accomplir *in iure* ces rites qui rendaient leur activité licite. L'expression *lege agere* désignait cette façon d'agir, et l'expression *legis actiones* désignait l'ensemble des formes dans lesquelles devait se développer la procédure de justice privée.

Les rites des *legis actiones* imposaient notamment aux adversaires des paroles sacramentelles, dans lesquelles chaque mot était de rigueur, au point que la substitution d'un mot à un autre annulait toute la procédure (exemple signalé *suprà*, p. 28 : l'emploi de l'expression *vitibus succisis*, au lieu des termes légaux *arboribus succisis*, entraînait la perte du procès. GAI. 4, 11). Le magistrat, qui surveillait le développement de la justice privée, n'en arrêtait le cours que si l'un des adversaires s'écartait des formes rigoureuses des *legis actiones*, formes dont le respect était considéré comme la meilleure sauvegarde de la paix publique. Aussi, tant que la procédure *in iure* se déroulait régulièrement, c'est-à-dire selon les rites prescrits, le magistrat laissait faire les intéressés (*lege agere*).

Comme les anciens Romains entendaient que toute activité publique ou privée importante fût précédée d'une consultation de la divinité, il arriva que — en fait et dans une mesure malaisée à définir exactement — les pontifes ont conservé longtemps la haute main sur le contrôle des rites de la justice privée. Quand l'autorité civile, constituée gardienne de la tradition civile (*ius*), se sépara peu à peu de l'autorité religieuse, restée dépositaire de la tradition sacrée (*fas*), la première fut longtemps encore tributaire de la seconde. Festus (v° *ordo*) lui-même prête encore au *pontifex maximus*, pour justifier son nom, la qualité d'arbitre suprême tant du droit profane que du droit sacré : *pontifex maximus, quod iudex atque arbiter habetur rerum divinarum humanarumque*. On imagine malaisément que les particuliers aussi aient pu avoir la témérité de se livrer à l'exercice de la justice privée, sous la protection des dieux et le contrôle des pouvoirs publics, sans prendre conseil des pontifes. L'importance des consultations (*responsa*), que les pontifes étaient appelés à donner aux particuliers sur les rites sacramentels de la procédure, était telle, qu'il semble qu'un des membres du collège des pontifes ait été délégué annuellement à cette fonction : *omnium tamen harum (XII tabularum) et interpretandi scientia et actiones apud collegium pontificum erant, ex quibus constituebatur, quis quoquo anno praeesset privatis* (POMPONIUS, *D.* 1, 2, 2§6). Ce système, qui a conservé aux pontifes la haute main sur les rites de mise en œuvre de la justice privée, se conçoit mieux sous un régime de droit coutumier que sous un régime de loi écrite. Aussi la légende de la conservation secrète du calendrier et des *legis actiones* par les pontifes contribue-t-elle plutôt à affaiblir la légende de la loi décemvirale, quoiqu'il soit pourtant évident que même l'affichage du texte des XII Tables depuis 450 av. J.-C. n'eût pas immédiatement rendu inutiles les consultations des pontifes aux plaideurs. En notre temps de lois écrites nombreuses, arrive-t-il souvent à un plaideur d'entamer un procès sans prendre conseil d'un des prophètes du droit, qui ont pris la place des pontifes romains (1)?

L'accomplissement des rites de la procédure *in iure* et la suspension de la justice privée par l'organisation d'un arbitrage ayant pour conséquence de retarder la marche de la procédure, nous avons constaté que ces atermoiements ont provoqué l'intervention d'otages, qui se sont mués de bonne heure en cautions de procédure (*suprà*, pp. 85-86). Rappelons que parmi ces cautions, qui ont occupé dans la procédure romaine une place considérable, les plus anciennes étaient : 1° le *vindex*, qui intervient tout au début de la procédure, pour dégager l'*in ius vocatus*, en prenant sa place (2); 2° le *vas*, qui intervient pour assurer une recomparution *in iure* (3); 3° enfin le *praes*, qui intervient pour assurer les modalités d'organisation de l'arbitrage privé qui s'insère dans la procédure romaine (4).

Legis actio sacramento. — Au temps où la séparation du *ius* et du *iudicium* est définitivement consacrée, la *legis actio sacramento* devint le mode ordinaire de procéder *in iure*. *Sacramenti actio generalis erat* (GAI. 4, 13), c'est-à-dire que la forme du *sacramentum* était utilisée dans tous les cas où un mode spécial de procéder n'était pas prescrit.

Comme le *sacramentum* implique une activité des deux adversaires qui se développe devant le magistrat, des démarches préalables s'imposent pour provoquer la rencontre des adversaires *in iure* à un jour faste. Si les adversaires ne se réunissent pas ici de leur plein gré, l'un d'eux doit prendre l'initiative d'amener l'autre *in iure* par les voies de fait licites de l'*in ius vocatio* (*suprà*, p. 120). Celui qui est ainsi appréhendé de force par son adversaire a deux moyens de se soustraire à pareilles voies de fait : ou bien donner satisfaction à la partie poursuivante, ou bien trouver un *vindex* qui se substitue à l'*in ius vocatus*. Au début, le *vindex* était un otage, que la partie poursuivante maintenait en sa détention jusqu'au premier jour faste auquel la comparution *in iure* pouvait avoir lieu et sur la personne duquel la justice privée se poursuivait en cas de défaillance de l'intéressé lui-même. Ultérieurement le *vindex*, qui écartait les voies de fait de l'*in ius vocatio*, devint une caution de procédure, destinée à assurer la comparution de la partie poursuivie au jour faste de l'audience du magistrat *in iure*. Lorsque la

---

(1) Sur la substitution progressive des prudents laïques aux experts religieux : Edouard LAMBERT, *La fonction du droit civil comparé*, 1903, pp. 655-693.

(2) MARIA, *Le vindex*, Paris, 1895; CORODEANU, *Sur la fonction du vindex*, Bucarest, 1919.

(3) FLINIAUX, *Le vadimonium*, 1908; Debray, dans *NRHD.*, 1910, pp. 521-563.

(4) VIARD, *Le praes*, 1907.

procédure *in iure* n'est pas terminée à la première comparution, la recomparution de la partie poursuivie était assurée en fait par son maintien en détention préventive; mais ici aussi cette voie de fait pouvait être écartée par l'intervention d'un otage qui s'est mué également en une caution de procédure, le *vas*. Le mode d'engagement du *vas*, le *vadimonium*, contenait la promesse de payer une rançon pécuniaire à défaut de recomparution de la partie poursuivie; et cette *summa vadimonii* correspondait vraisemblablement à la valeur que le procès avait pour la partie poursuivante (*suprà*, p. 86). Il est permis de conjecturer que l'acte d'engagement du *vindex* contenait semblablement la promesse de payer une pareille rançon pécuniaire au cas de défaillance de la partie poursuivie.

Les deux adversaires étant devant le magistrat, *in iure*, commençaient à *lege agere sacramento*, en affirmant solennellement leurs prétentions contradictoires. Chacun devait formuler son affirmation en des termes tellement catégoriques, que la fausseté de l'affirmation entraînerait la *sacratio* de celui qui l'avait formulée; chacun des plaideurs devait s'exposer à être voué aux dieux, lui et ses biens (*sacer homo*); de là le nom de *sacramentum* donné à cette procédure. Peut-être, pour s'exposer ainsi éventuellement à la *sacratio*, les plaideurs devaient-ils accompagner leurs affirmations solennelles d'un serment (*sacramentum*). Toutefois, de bonne heure, il n'a plus fallu que les plaideurs s'exposassent d'avance à une *sacratio* pour le cas où ils perdraient leur procès. Il a suffi que, pour corroborer et confirmer leurs affirmations contradictoires, ils remissent tous deux (entre les mains des pontifes probablement) une somme de 500 as ou 50 as, suivant que la valeur du litige était supérieure ou inférieure à 1,000 as (*sacramentum quingenarium*, — *quinquagenarium*, Gai. 4. 14). Cette somme, sur laquelle est reporté le nom de *sacramentum*, remplace, pour le plaideur qui succombe, l'ancienne *sacratio* : tandis que le *sacramentum* du plaideur qui triomphe lui est restitué, le *sacramentum* du plaideur qui succombe est définitivement acquis à l'*aerarium*. Ultérieurement une modification a encore été apportée à la procédure du *sacramentum*, afin de la rendre plus facilement accessible : au lieu d'exiger le dépôt préalable par chaque plaideur de la somme du *sacramentum*, on se contente d'exiger du plaideur la promesse, sous la garantie de cautions (*praedes sacramenti*), de verser le *sacramentum* au trésor en cas d'échec.

Dans le *sacramentum*, les affirmations contradictoires, corroborées par un pari, avaient manifestement pour but de provoquer la désignation d'un arbitre, qui aura à se prononcer (*in iudicio*) sur le point de savoir *utrius sacramentum iustum, utrius iniustum sit*, avant qu'il puisse être passé outre à l'exercice de la justice privée.

La *summa sacramenti* ayant été versée ou promise, il est procédé ensuite à la nomination du juge, devant lequel (*in iudicio*), la procédure était débarrassée de tout formalisme. Après l'instruction et les débats, le juge prononce *utrius sacramentum iustum, utrius iniustum sit*, et cette sentence termine sa mission.

Parmi les applications de la *legis actio sacramento*, on distinguait le *sacramentum in personam* et le *sacramentum in rem*. Le *sacramentum in personam* était la procédure par laquelle un créancier poursuivait son débiteur; ici les formules de la *legis actio* s'appliquaient directement à la personne du débiteur, qui était engagée pour assurer l'accomplissement de la prestation; de là la qualification de « *in personam* ». Bien que nous manquions d'informations précises sur cette application du *sacramentum*, il est probable que la procédure se déroulait de la manière suivante : le demandeur affirmait « *aio te mihi (decem milia) dare oportere* »; de son côté, le défendeur affirmait « *nego me tibi (decem milia) dare oportere* »; ensuite avait lieu la provocation réciproque au *sacramentum*, c'est-à-dire au dépôt ou à la promesse de la *summa sacramenti*, et enfin la désignation du juge.

Le *sacramentum in rem* (Gai. 4, 16-17) était la procédure qui tendait à sanctionner tout autre droit qu'un droit d'obligation, notamment un droit de propriété ou d'hérédité ou de servitude; ici la formule de la *legis actio* portait directement sur la chose litigieuse; de là la qualification de « *in rem* ». Cette procédure-ci nous est mieux connue. La chose, qui faisait l'objet de la *legis actio*, devait être apportée *in iure*; chacun des deux adversaires, touchant la chose d'une baguette (*festuca, vindicta*), affirme son droit sur cette chose *hunc ego hominem meum esse aio ex iure Quiritium* (*vindicatio* et *contravindicatio*). Ceci c'est la justice privée, qui s'accomplit devant le magistrat (*manum conserere*); mais le magistrat y met fin en ordonnant : *mittite ambo hominem* ». Alors celui qui a agi le premier demande à l'adversaire pourquoi il a fait une *contravindicatio* : *postulo anne dicas qua ex causa vindicaveris*; ce dernier répond : *ius feci sicut vindictam imposui*. Sur quoi le premier plaideur passe à la *provocatio sacramento*; il dit à l'adversaire : je te provoque au *sacramentum quingenarium* (ou *quinquagenarium*), si c'est sans droit que tu as formulé ta *vindicatio*; et l'adversaire de répliquer : *et ego te*. Quand cette procédure *in ipsam rem* fut étendue aux immeubles, elle fut accomplie peut-être sur l'immeuble même, peut-être sur un fragment représentatif de l'immeuble, une motte de terre. La procédure du *sacramentum in rem* s'achevait par l'attribution des *vindiciae* (*vindicias dicere*) : quand le magistrat avait prononcé « *mittite ambo hominem* », la chose était tombée sous sa garde, mais il s'empressait alors de la confier à l'un des plaideurs pour la durée du procès, et c'est cette possession intérimaire de la chose litigieuse qui est désignée sous le nom de *vindiciae*; le plaideur, qui recevait les *vindiciae*, devait fournir des cautions, *praedes litis et vindiciarum*, parce qu'il est à craindre que, autorisé à conserver la possession, il n'abuse de cet avantage en soustrayant, détruisant ou transformant la chose litigieuse (Gai. 4, 89). Après la sentence arbitrale rendue, celui dont le *sacramentum* était déclaré *iustum*, s'il n'avait pas obtenu les *vindiciae*, reprenait l'exercice de la justice privée, auquel l'adversaire ne pouvait plus désormais s'opposer; et si ce dernier soustrayait la chose qui lui avait été confiée provisoirement, le plaideur dont le *sacramentum* avait été déclaré *iustum* était fondé à s'en prendre aux *praedes litis et vindiciarum*.

Dans le *sacramentum in personam*, il ne pouvait être question d'une attribution des *vindiciae* à l'un des plaideurs, puisque la *legis actio*, au lieu d'avoir directement pour objet une chose (*in rem*), avait directement pour objet le débiteur (*in personam*) dont une prestation était réclamée (*dare oportere*). Ici le créancier dont le *sacramentum* est déclaré *iustum* reprend l'exercice de la justice privée dans la forme de la *manus iniectio*, pourvu qu'il soit créancier de *certa pecunia*; mais si la sentence arbitrale le reconnaît créancier d'autre chose que de *certa pecunia*, la *manus iniectio* n'est possible qu'après une nouvelle procédure intermédiaire de liquidation, l'*arbitrium liti aestimandae*. Cette procédure de liquidation s'accomplissait aussi dans les formes solennelles d'une *legis actio*, la *legis actio per iudicis arbitrive postulationem*, qui paraît avoir été connue déjà des XII Tables.

Legis actio per iudicis postulationem. — Nous sommes très imparfaitement renseignés sur la *iudicis arbitrive postulatio*. Son nom indique qu'elle tend directement (sans le détour du *sacramentum*) à faire désigner un juge ou arbitre : *te praetor iudicem arbitrumve postulo uti des* (Valerius Probus, 4, 8). Peut-être y avait-il lieu à la *iudicis postulatio*, toutes les fois que l'action était créée directement par la loi même, pour un cas particulier : le demandeur, en se basant sur le texte de la loi qui lui donne une action (l'*actio aquae pluviae arcendae* par exemple), demande d'emblée la désignation d'un juge; par contre, lorsqu'il s'agit d'une action qui, sans être donnée directement par la loi, sert à sanctionner un droit consacré par la coutume ou la loi, le plaideur doit suivre le chemin détourné du *sacramentum* pour provoquer la désignation d'un juge. Peut-être aussi la *iudicis arbitrive postulatio* intervenait-elle dans les cas où il y avait lieu à un règlement ou une liquidation, et où il n'y avait pas place pour les affirmations et dénégations tranchées du *sacramentum* (partage, bornage, *arbitrium liti aestimandae*).

Legis actio per manus iniectionem. — Lorsqu'il y a eu, *in iure*, *aes confessum*, ou aveu de la partie poursuivie, qui porte sur une prestation pécuniaire déterminée (un certain poids d'*aes rude* ou une *certa pecunia*), ou lorsqu'est intervenue une sentence arbitrale, qui porte également sur une *certa pecunia*, soit d'emblée, soit à la suite d'un *arbitrium liti aestimandae*, l'exercice de la justice privée peut être repris *in iure*, par la procédure de la *manus iniectio*, sur la personne du *confessus* ou du *iudicatus* qui ne s'exécute pas spontanément.

Trente jours après la *confessio in iure* ou la sentence arbitrale, le créancier pouvait procéder à l'*in ius vocatio* du *confessus* ou *iudicatus* : *aeris confessi rebusque iure iudicatis triginta dies iusti sunto* (XII tab. 3, 1). Alors *in iure*, le créancier saisissait corporellement le débiteur, en invoquant son titre et le défaut de paiement : *qui agebat sic dicebat « quod tu mihi iudicatus es sestertium decem milia, quandoc (quando te) non solvisti, ob eam rem ego tibi sestertium decem milium iudicati manum inicio », et simul aliquam partem corporis eius prehendebat* (GAI. 4, 21).

Pareille mainmise du créancier sur la personne du débiteur ne pouvait être écartée que par deux moyens : par le paiement ou par l'intervention d'un *vindex*, qui dégageait le débiteur (*manum depellere*), en prenant sur lui de contester la légitimité de la *manus iniectio*. L'intervention d'un *vindex* provoquait un nouveau procès entre le créancier et le *vindex*, et si, dans ce procès, il était établi que le *vindex* était intervenu à tort, celui-ci était frappé de la *poena dupli*, à raison du véritable délit qu'il avait commis en intervenant à tort : *dupli damnas esto* (*lex coloniae Genetivae Iuliae*, 44 av. J.-C.). Si, au moment de la *manus iniectio*, il n'y avait ni paiement ni intervention d'un *vindex*, le magistrat adjugeait (*addictio*) le débiteur au créancier; alors, pendant soixante jours, le débiteur était détenu dans la prison domestique du créancier; durant ce délai le créancier devait mener le débiteur à trois marchés successifs et y proclamer sa dette et l'import de celle-ci (*Inter eos dies trinis nundinis continuis ad praetorem in comitium producebantur, quantaeque pecuniae iudicati essent, praedicabatur.* AULU-GELLE, 20, 1, 47); passé le délai de soixante jours, si personne n'avait libéré le débiteur, le créancier était autorisé à vendre le débiteur comme esclave (*trans Tiberim*) ou à le mettre à mort (*Tertiis autem nundinis capite poenas dabant, aut trans Tiberim peregre venum ibant*); s'il y avait plusieurs créanciers faisant la *manus iniectio*, ils pouvaient se partager le cadavre de leur débiteur (*Tertiis nundinis partis secanto. Si plus minusve secuerunt se fraude esto* : XII tab. 3,6). Il est probable que le créancier, qui faisait une *manus iniectio*, eut de tout temps la possibilité de transiger avec son débiteur (*erat autem ius interea paciscendi, ac nisi pacti forent habebantur in vinculis dies sexaginta.* AULUGELLE, 20, 1, 46). Vraisemblablement avait-il la possibilité de ne pas tuer ou vendre *trans Tiberim* son débiteur, et de se contenter plutôt de le maintenir *in mancipio*, jusqu'à ce qu'il se fût libéré par son travail. Ceci ne devint la règle qu'à partir de la loi Poetelia (326 ou 313 av. J.-C.), qui conserva l'exécution sur la personne, mais supprima le droit de mise à mort et de vente en esclavage (*suprà*, p. 96).

Au temps où, la séparation du *ius* et du *iudicium* étant définitivement consacrée, le magistrat est toujours astreint à suspendre, par l'organisation d'un arbitrage, l'exercice de la vengeance privée, on conçoit sans peine qu'Aulugelle et Gaius nous représentent la *manus iniectio* comme une procédure d'exécution qui réalise, sous contrôle du magistrat, la vengeance du créancier sur la personne d'un débiteur *confessus* ou *iudicatus*. Encore faut-il, pour que cette procédure soit possible, que non seulement la creance soit rendue certaine par une *confessio in iure* ou par une sentence arbitrale, mais aussi qu'elle ait fait l'objet d'une estimation pécuniaire, soit dans l'aveu (*aes confessum*), soit dans la sentence (*arbitrium liti aestimandae*).

Mais n'est-il pas vraisemblable que la *legis actio per manus iniectionem* existât dès avant l'obligation imposée au magistrat d'insérer dans la procédure de justice privée l'intermède d'un arbitrage? La *manus iniectio* ne fut-elle pas la plus ancienne forme de la justice privée contrôlée, antérieure à la séparation du *ius* et du *iudicium*? Alors le créancier mettait la main sur la personne du débiteur, et le magistrat le laissait faire, dans la mesure décrite par Aulugelle et Gaius, sans que le débiteur dût être *confessus* ou *iudicatus*. Il fallait cependant, pour que la *manus iniectio* soit possible, que l'existence de la créance soit hors de doute et que la prestation ait fait l'objet d'une estimation pécuniaire certaine. Il en était ainsi, par exemple, lorsque l'engagement du débiteur était formé par un *vadimonium* ou un *nexum* : les formes sacramentelles de ces actes dissipaient tout doute au sujet de l'existence de la créance, dont l'estimation pécuniaire certaine était fournie au surplus par la *summa vadimonii* ou par le *nexum aes* (*suprà*, pp. 90-91).

Lorsqu'ultérieurement la séparation du *ius* et du *iudicium* devint la règle, il arriva à la longue (après une période transitoire peut-être assez prolongée) que le créancier, en vertu d'un *vadimonium* ou d'un *nexum*, dut, comme tout autre créancier, entamer sa procédure de justice privée par le *sacramentum in personam* ou la *iudicis postulatio*; et alors la *manus iniectio* n'apparaît plus que sous l'aspect d'une procédure d'exécution sur la personne d'un *confessus* ou *iudicatus*. Ce n'est plus que dans des cas extrêmement rares qu'un créancier conservera le droit de procéder d'emblée à la *manus iniectio* sur la personne de son débiteur. Exemple : en vertu de la *lex Publilia* (vers 200 av. J.-C.), la caution-*sponsor*, après avoir payé (*per aes et libram*? *suprà*, p. 92) le créancier, pouvait pendant six mois exercer son recours contre le débiteur par la *manus iniectio depensi* (Gai. 4, 22).

Pignoris capio. — Cette *legis actio* (Gai. 4, 26-29), à la différence de toutes les autres, ne doit être accomplie ni *praesente adversario* ni *in iure coram magistratu*; aussi son caractère de véritable *legis actio* a-t-il été mis en doute. Peut-être vaut-il mieux interpréter ces particularités de la *pignoris capio*, en ce sens que cette procédure est la plus vieille des *legis actiones*, qui remonte au temps de l'auto-justice non encore contrôlée par le magistrat.

La *pignoris capio* consiste en une prise de gage accompagnée de paroles sacramentelles, *certa verba*. La collectivité (*populus romanus*) représentée par ses hauts magistrats ne s'est jamais fait faute d'user des procédés de coercition consistant à infliger des amendes et à saisir des gages (*multis et pignoribus*) : pour briser la résistance à ses injonctions, le magistrat faisait saisir par ses aides des choses appartenant au citoyen récalcitrant, lesquelles étaient finalement détruites d'autorité. Cette *pignoris capio*, empruntée à la pratique des pouvoirs publics, n'est permise aux particuliers, à l'époque historique, que dans des cas très exceptionnels, où l'on peut considérer que ce moyen de coercition est délégué au particulier par l'autorité publique. Les principaux cas où la *pignoris capio* est restée permise exceptionnellement à de simples particuliers sont les suivants : 1° lorsqu'un particulier est devenu créancier par une opération qui intéresse le culte, par exemple la vente d'un animal destiné à un sacrifice; 2° le soldat est fondé à procéder à une *pignoris capio* à l'encontre des contribuables astreints aux prestations militaires (*aes militare, aes equestre, aes hordearium*); 3° les publicains ou fermiers d'impôts ont qualité pour recourir à la *pignoris capio* contre les contribuables.

Si la *pignoris capio* peut s'accomplir hors la présence du magistrat, il est certain cependant que, aux temps historiques, elle préludait souvent à une procédure judiciaire. Selon toute vraisemblance, la procédure consécutive à une *pignoris capio* se déroulait de la manière suivante : si le propriétaire de la chose saisie contestait le droit de faire la *pignoris capio*, il devait sans doute entamer une procédure régulière (peut-être *per sacramentum*); en l'absence de contestation, le créancier qui a saisi la chose devait la garder durant un certain temps (peut-être soixante jours comme dans la *manus iniectio*); pendant ce temps le débiteur pouvait racheter la chose saisie, mais pour cela il devait sans doute payer une somme supérieure au montant de sa dette (peut-être le double); enfin, à l'expiration du délai, le créancier devenait propriétaire de la chose saisie.

Les magistrats et leur fonction in iure. — Le magistrat siégeant *in iure* était, pendant la période royale, le roi même et, en son absence, le *praefectus urbi*. Après l'expulsion des rois, ce sont les consuls qui, à tour de rôle, pendant un mois, siègent *in iure*; et ce n'est qu'en 367 av. J.-C. que cette fonction fut réservée spécialement à un magistrat nouveau, le préteur, sans que fût consacré, bien entendu, le principe moderne de la séparation des pouvoirs.

Les audiences *in iure* étaient publiques et ne pouvaient se tenir qu'aux *dies fasti*, c'est-à-dire aux jours où il était permis au magistrat de prononcer les termes sacramentels que la procédure des *legis actiones* met dans sa bouche : *do, dico, addico* (*vocantur dies nefasti, per quos dies « nefas fari » praetorem : « do, dico, addico »*. — Varron, *l. l.* 6, 30; Ovide, *fast.* I, 47 et 53; Festus, v° *nefasti*). Le contexte, dans lequel ces termes sacramentels étaient prononcés, était le suivant : *do iudicem* (*arg.* Festus, v° *procum*), *dico vindicias* (Pomponius, *D.* 1, 2, 2§21), *addico rem* (Gai. 2, 24; Ulp. 19, 10). Les jours fastes étaient fixés par l'usage sous le contrôle des pontifes, qui, selon la légende, réussirent à tenir le calendrier secret jusqu'à sa publication par Cnaeus Flavius, en 304 av. J.-C.

Comme les procès apparaissent sous l'aspect d'instances arbitrales, organisées à l'intervention du magistrat, il est indispensable qu'il s'établisse entre les adversaires un accord sur la formation de l'instance arbitrale (contrat judiciaire). Le système du contrat judiciaire s'est toujours conservé; mais de bonne heure ce contrat judiciaire a perdu son caractère originel de compromis librement consenti; car avec l'intervention grandissante de l'autorité dans les différends entre particuliers, apparaissent des procédés de contrainte indirecte, exercée sur un adversaire récalcitrant, pour l'induire à prêter son concours à la formation du contrat judiciaire. A cet égard, il y a une différence notable entre les *actiones in rem* et les *actiones in personam*. Quand le demandeur agit pour faire respecter le droit qu'il prétend exercer sur une chose (*agere in rem*), et que le contrat judiciaire ne se forme pas parce que le défendeur omet de formuler une *contravindicatio*, le magistrat alloue d'autorité au demandeur la possession à laquelle il prétend. La situation est différente quand le demandeur agit *in personam*, c'est-à-dire poursuit la réalisation de l'engagement d'une personne, pour obtenir l'accomplissement d'une prestation à laquelle il prétend (*dare, facere oportere*). Ici il est impossible, sans le concours du défendeur, sur la personne duquel il est agi directement, de fixer l'objet du différend (*quid dare facere oportet?*) et de charger un arbitre de statuer sur la prétention qui justifie la *legis actio in personam*. Aussi, en cas de défaillance du défendeur, le créancier demandeur, empêché de développer son instance *in iure*, n'avait sans doute d'autre ressource que de s'en prendre au *vindex* ou au *vas*, qui avaient dû s'engager pour libérer le défendeur de la mainmise réalisée par le demandeur dans l'*in ius vocatio*.

Lorsque, *in iure*, le défendeur ne se soustrait pas au devoir de se défendre, il est probable que les parties commençaient par s'expliquer librement sans observer aucune forme sacramentelle; ces explications étaient destinées à démontrer au magistrat qu'il y avait lieu de permettre aux parties d'accomplir devant lui les formes sacramentelles de la *legis actio*; car il est probable que l'intervention du magistrat n'était pas purement passive et qu'il appréciait s'il y avait lieu d'autoriser ou non l'accomplissement de la *legis actio* (*dare actionem denegare actionem*) (1). Ensuite, si le magistrat y consent, les parties prononcent les paroles sacramentelles de la *legis actio* : par ces *certa verba* les parties forment entre elles le contrat judiciaire, qui fixe définitivement et une fois pour toutes l'objet du litige.

Les parties doivent prendre des témoins, pour prononcer devant eux les *certa verba* de la *legis actio*, par lesquels elles forment le contrat judiciaire. Cet acte de la procédure *in iure* porte le nom de *litis contestatio* (*litem contestari*). C'est sur la *litis contestatio* ou conclusion solennelle du contrat judiciaire que se fonde la soumission des plaideurs à la sentence du juge : car la *litis contestatio* fixe l'objet du procès que les parties consentent à soumettre au juge. Quant à la présence des témoins à la *litis contestatio*, elle fournissait sans doute un moyen d'attester éventuellement *in iudicio* l'objet exact du litige (2).

Instance in iudicio. — Le contrat judiciaire transfère la connaissance du procès au juge. Régulièrement le juge, qui avait à statuer *in iudicio*, était un juré unique, appelé *iudex* ou *arbiter* (*arbiter*, juge-expert : celui qui se transporte sur les lieux du litige).

(1) En ce sens : Wenger, *Zivilprozess*, § 11, n. 20, 21; *contra* : Girard, p. 1036, n. 4.

(2) Sur la *litis contestatio* dans la procédure des *legis actiones* : Meylan, dans *Mél. Cornil*, II, pp. 86-88, note.

L'un des plus clairs symptômes de l'intervention grandissante de l'autorité, dans l'exercice de la justice privée, fut le pouvoir, reconnu au magistrat judiciaire, d'imposer son choix du juge, au cas où les intéressés ne peuvent se mettre d'accord sur ce point. Une *lex Pinaria*, de date inconnue, mais vraisemblablement postérieure à notre période, donne aux plaideurs un délai de réflexion de trente jours après l'accomplissement de la *legis actio*. A l'expiration du temps laissé aux parties pour s'entendre sur le choix du juge, le magistrat nommait un juge, choisi parmi les sénateurs. Au moment de la nomination du juge, les plaideurs promettaient réciproquement (*comperendinatio*) de se présenter devant le juge le surlendemain, *in diem tertium sive perendinum* (Gai. 4, 15).

A la différence de la procédure *in iure*, la procédure *in iudicio* n'est soumise à aucune forme sacramentelle : les plaideurs y apportent librement leurs preuves et, quand la conviction du juge est faite, celui-ci prononce sa sentence. Le juge ne doit pas, pour siéger, s'en tenir aux *dies fasti*; pour lui, le temps d'activité (*actus rerum*) est coupé seulement par les vacances de printemps (jeux) et d'automne (moisson et vendange).

In iudicio, l'inertie de l'une des parties n'arrête plus la solution du litige : si l'un des plaideurs fait défaut sans motif légitime, le juge attendra jusqu'à midi, et après-midi il prononcera sa sentence au profit du plaideur présent, *post meridiem praesenti litem addicito* (XII tab. 1,8). La défaillance du plaideur équivaut à une renonciation aux droits qui découlaient pour lui du contrat judiciaire.

Le juge est entièrement libre dans l'appréciation des faits qui lui sont soumis : il statue suivant la conviction qu'il s'est librement formée. Seulement il ne peut pas sortir du cadre qui lui est tracé par les termes du contrat judiciaire ou *litis contestatio*. Pour ne pas s'exposer à sortir du cadre de la question qui lui est soumise, le juge, simple particulier, s'est habitué de bonne heure sans doute à prendre conseil de jurisconsultes, qui forment son *consilium*. En outre, le juge est éclairé sur le côté juridique de sa mission par les débats qui se produisent devant lui entre les avocats des plaideurs. La *disputatio fori* est devenue de bonne heure une source importante de la connaissance du droit appliqué.

La sentence du juge-arbitre fait droit entre les parties. Elle ne pourrait être attaquée que grâce à l'intervention d'un *vindex* (*suprà*, p. 128). En dehors de cette hypothèse, elle n'est susceptible d'aucun recours; car, tandis que l'acte du magistrat, qui accordait ou refusait la *legis actio*, pouvait se trouver enrayé par l'intercession d'un collègue ou d'un tribun de la plèbe, par contre, le juge n'étant pas magistrat, son jugement ne pouvait jamais être l'objet d'une intercession.

L'autorité ayant le devoir de se prêter, dans une mesure déterminée, à l'exercice de la justice privée, peut-on déduire de là que les particuliers en conflit avaient un droit à l'intervention de la puissance publique? Il est permis de dire que ce droit était, en quelque mesure, reconnu aux particuliers, puisqu'il pouvait, nous venons de le constater, être sanctionné par l'intercession d'un magistrat, brisant l'inertie ou la résistance injustifiées de son collègue. Plus tard, sous le régime de la justice publique, rendue impartialement par des fonctionnaires judiciaires à la demande des intéressés, on se demandera si les particuliers ont, au regard de l'Etat, un droit à la protection judiciaire, et si ce droit a un caractère public ou privé. La question ainsi posée en termes généraux nous engage dans une impasse; car le droit subjectif reconnu à un particulier à l'encontre de l'Etat finira inévitablement par mettre le particulier aux prises avec la plus haute autorité de l'Etat, laquelle, par sa nature ou plutôt par sa situation, échappe à tout contrôle organisé : *quis custodiet custodem*?

Imperium et iurisdictio. — La puissance publique exercée par les magistrats du peuple romain était désignée d'une manière générale, au début, par le mot *potestas*. De bonne heure cependant, on préféra le terme *imperium* pour dénommer la puissance publique des plus hauts magistrats : *imperium regium, dictatoris, consulare, praetorium*. Alors le mot *potestas* fut réservé à la désignation de la puissance publique des magistrats dépourvus de l'*imperium* : *tribunicia, censoria, aedilicia, quaestoria potestas* (1).

En tenant compte des domaines différents dans lesquels la puissance publique est mise en œuvre, nous distinguons aujourd'hui entre la puissance civile, qui se réalise dans les œuvres de paix de l'administration civile, et la puissance militaire, qui se réalise dans les œuvres de guerre de l'administration militaire. Les Romains faisaient une distinction entre l'*imperium domi* et l'*imperium militiae*. Cette distinction a quelque affinité avec la distinction moderne de l'administration civile et de l'administration militaire; pourtant, elle en diffère profondément parce qu'elle repose sur une autre base, à savoir : sur le lieu où l'*imperium* était exercé. L'*imperium domi*, c'était la puissance publique exercée en ville jusqu'aux premières bornes militaires placées à mille pas de l'enceinte ou *pomerium*; l'*imperium militiae*, c'était la puissance publique exercée

(1) MOMMSEN, *Dr. publ.*, I, pp. 24-26.

en dehors de ces limites territoriales, quand le magistrat, après avoir pris les auspices en ville, franchissait le *pomerium*. La puissance du magistrat, dans ce dernier cas, ne se limitait nullement au commandement militaire; mais, même en dehors des actes de commandement militaire, l'autorité exercée *militiae* n'était pas limitée par les garanties fondamentales de l'organisation *domi* (ce que les modernes appelleraient les garanties constitutionnelles) : quand le magistrat, *militiae*, poursuivait la vengeance collective sur un citoyen, celui-ci ne bénéficiait pas de la *provocatio ad populum*, à laquelle il eût pu recourir, *domi* (1); de même quand le magistrat, *militiae*, contrôlait l'exercice du droit de vengeance privée des particuliers, ceux-ci perdaient les garanties que leur procuraient, *domi*, les formes sacramentelles rigoureuses des *legis actiones*.

L'*imperium domi*, envisagé dans l'une de ses applications importantes, porte le nom de *iurisdictio*. Quand l'autorité du magistrat s'exerce sous forme de contrôle de la mise en œuvre de la justice privée, il est permis d'affirmer que le magistrat dit le droit, puisque son rôle consiste à faire respecter les limites du plus ancien des droits subjectifs, le droit de vengeance privée. Ainsi a-t-on été amené, sans doute, à donner le nom de *iurisdictio*, non pas à une puissance publique qui ferait contraste avec l'*imperium*, mais à ce département de l'*imperium*, qui se présente sous l'aspect du contrôle exercé par le magistrat sur la justice privée. Dans ce département de l'*imperium*, désigné sous le nom de *iurisdictio*, la puissance publique a été de bonne heure soumise à des restrictions, destinées à garantir les particuliers contre l'arbitraire des magistrats. Ces garanties résultaient des formes rigoureuses des *legis actiones*. Les particuliers ne pouvaient *lege agere* (l'expression l'indique clairement) que quand la loi le permettait; ils ne pouvaient utiliser les paroles sacramentelles des *legis actiones* que dans le cadre nettement délimité par le droit civil. Normalement le magistrat présidait à l'accomplissement de ces formes des *legis actiones* et prononçait, lui aussi, des paroles sacramentelles (*do, dico, addico*). C'est la puissance publique, que le magistrat exerçait de la sorte, qui est appelée *iurisdictio*; de sorte que la *iurisdictio* peut se définir : le pouvoir du magistrat de participer à l'accomplissement des *legis actiones*.

Comme la forme des *legis actiones* peut être utilisée pour réaliser un accord, sans qu'aucun différend divise les parties (ainsi notamment dans l'*in iure cessio*), on peut distinguer deux variétés de *iurisdictio*, qui seront séparées plus tard sous les noms de *iurisdictio voluntaria* et *iurisdictio contentiosa* (Marcien, *D.* 1, 16, 2*pr*.).

---

(1) Mommsen, *Dr. publ.*, I, pp. 69-85.

Lorsque, au delà de la banlieue de Rome, un différend surgissait entre citoyens romains, ceux-ci pouvaient se rendre à Rome (*Roma communis patria*) pour se soumettre à la *iurisdictio* du magistrat siégeant *domi*, c'est-à-dire pour vider leur conflit dans les formes des *legis actiones*. Cependant, s'ils le préfèrent, ils pourront, sans déplacement, se soumettre à l'*imperium militiae*, qui se traduira en des mesures de police, imposées d'autorité et sans les garanties résultant des formes sacramentelles des *legis actiones*. Les prescriptions administratives et de police, qui relèvent de l'*imperium militiae*, préviennent les différends privés ou y coupent court d'autorité plutôt qu'elles ne les tranchent. Pareil régime d'autorité se conçoit parfaitement, appliqué au cours d'une campagne militaire; mais il ne faut pas oublier que l'*imperium militiae* n'implique nullement une opération militaire; de sorte qu'un magistrat siégeant *militiae* (c'est-à-dire hors de l'enceinte de Rome) pourra être amené, tout comme le magistrat siégeant *domi*, à suspendre son intervention jusqu'à l'issue d'un arbitrage intercalaire. L'organisation d'un arbitrage en vertu de l'*imperium militiae* pouvait avoir lieu soit dans des différends entre citoyens qui n'étaient pas rentrés à Rome pour se soumettre à la *iurisdictio* du magistrat siégeant *domi*, soit dans des différends entre citoyens et étrangers unis par un traité d'amitié et d'hospitalité. L'organisation d'un arbitrage dans ces cas était d'autant plus naturelle, que le caractère arbitral de la procédure était sans doute commun aux régimes juridiques révélés aux anciens Romains par leurs relations commerciales. Le magistrat siégeant *militiae*, ne pouvant utiliser les *certa verba* des *legis actiones* pour organiser un arbitrage entre les adversaires, a eu recours à un procédé moins solennel, emprunté aux pratiques usuelles, sinon dans les cités du Latium, du moins dans les anciennes colonies grecques d'Italie : en vertu de son *imperium*, et par conséquent plus librement, le magistrat rédigeait des instructions (*concepta verba, formula*) qui déterminaient la mission de l'arbitre.

Peut-être arrivait-il que des traités d'amitié et d'hospitalité qui autorisaient des étrangers à vider leurs conflits avec des citoyens romains devant le magistrat siégeant *militiae*, imposaient à celui-ci l'organisation d'un arbitrage. Quoi qu'il en soit, dans les différends entre citoyens et étrangers unis par un traité d'amitié et d'hospitalité, les arbitres devant lesquels les parties pouvaient ou devaient être renvoyées étaient des *recuperatores*, qui siégeaient généralement au nombre de trois. Le nom de *recuperatores* leur vient de ce qu'ils tiennent leur compétence de traités qui permettent aux étrangers de récupérer leurs biens (*res recipere*) à l'intervention des magistrats romains.

Les *iudicia* organisés en vertu de la *iurisdictio*, c'est-à-dire les *iudicia* organisés dans les formes sacramentelles des *legis actiones*, accomplies devant le magistrat siégeant *domi*, sont appelés *iudicia legitima*, parce que leur organisation est fondée sur les règles impératives du *ius civile*. Les *iudicia* organisés en vertu de l'*imperium* (soit *militiae*, soit *domi*), c'est-à-dire en dehors de la sphère d'application des *legis actiones*, sont dits *iudicia imperio continentia*, parce que leur organisation est fondée uniquement sur les pouvoirs généraux (*imperium*) d'un haut magistrat (GAI. 4, 103-105).

TABLE ALPHABÉTIQUE
des
Maximes ou Brocards

PAGES

Adversus hostem aeterna auctoritas esto 68
Aeris confessi rebusque iure iudicatis triginta dies iusti sunto. . 128
Bona intelliguntur cuiusque, quae deducto aere alieno supersunt. 117
Consensus facit nuptias. 49
Cum nexum faciet mancipiumque, uti lingua nuncupassit, ita ius esto. 25, 65, 89, 90, 110
Dominium rerum ex naturali possessione coepisse. 57
Ea quae in nominibus sunt, ipso iure in portiones hereditarias divisa sunt 117
En fait de meubles, la possession vaut titre 68
Ex maleficiis poenales actiones in heredem nec competere nec dari solere 117
In hereditate legitima successioni locus non est 115
Male enim nostro iure uti non debemus 5
Nemo alieno nomine lege agere potest. 122
Neque idem ex parte testatus et ex parte intestatus decedere potest. 112-113
Nunquam feminae suum heredem habere possunt. 111
Patronus si clienti fraudem fecerit, sacer esto. 18
Post meridiem praesenti litem addicito. 133
Prout quidque contractum est, ita et solvi debet. 91
Quod subruptum erit, eius rei aeterna auctoritas esto 69
Satisfactio pro solutione est 77
Semel heres semper heres 112
Si in ius vocat, ito. Ni it, antestamino; igitur eum capito . . . 120
Si intestato moritur cui suus heres nec escit, adgnatus proximus familiam habeto, si adgnatus nec escit, gentiles familiam habento. 25, 109, 114
Si membrum rupsit, ni cum eo pacit, talio esto 81
Si pater filium ter venum duit, a patre filius liber esto. 38
Si qui hominem liberum dolo sciens morti duit, paricidas esto. . 79
Solvendo quisque pro alio, licet invito et ignorante, liberat eum . . 74
Tertiis nundinis partis secanto. Si plus minusve secuerunt se fraude esto 129
Usus auctoritas fundi biennium est, ceterarum rerum annuus est usus. 68
Uti legassit super pecunia tutelave suae rei, ita ius esto. 107

Table chronologique des sources

PAGES

Table de Pouzzoles 87

Varron :
L. l. 6, 30. 131
— 6, 70-71 97
— 6, 74. 74
— 6, 81. 114
— 7, 105 . . . . . . 88, 89
R. r. 1, 10, 2. 59-60

Cicéron :
ad Att. 13, 46, 3 114
de dom. 29, 78 46
de inv. 2, 50. 53
de leg. 2, 19-21 111
— 11, 3, 9. 25
— 23, 59 25
de orat. 1, 38. 108
— 1, 43-44 25
— 1, 53. 109
de rep. 5, 2, 3 121
pro Caec. 7, 19 118
pro Tull. 21, 50 79
Top. 4, 23. 68
— 6, 29 . . . . 116 n. 1
Tusc. 3, 5, 11. 53

Denys d'Halicarnasse :
2, 10. 18
2, 15. 35
4, 25. 121
4, 36. 121
10, 1. 121

Ovide :
fast. 1, 47 et 53 131

Tite-Live :
3, 31. 24
3, 34. 25

Valère-Maxime :
4, 4, 8 104
7, 7, 1 108

Pline l'ancien :
H. n. 17, 1, 7. 82
— 18, 2, 7 60
— 33, 12 97

Valerius Probus :
4, 8 127

PAGES

Juvénal :
sat. 6, 27, 204 97

Plutarque :
Aemil. 5 104
Romulus 13 18

Tacite :
hist. 1, 15. 40

Aulugelle :
5, 19. 40
11, 18, 15. 81
17, 7. 69
20, 1, 46 139
20, 1, 47 128

Gaius :
I, 8 56
I, 52 42
I, 53 5
I, 82 42
I, 99 40
I, 111 47
I, 112-114 47
I, 115*a*. 112
I, 119 . . . . 63, 66
I, 128 41
I, 132 38
I, 134 41
I, 140 38
I, 144 52
I, 158-163. 41
I, 165 52
I, 192 52
II, 13 42
II, 18, 19, 22 68
II, 24 . . . . 67, 131
II, 35 114
II, 42 68
II, 45, 47, 49 69
II, 52-58 114
II, 54 68
II, 59 98
II, 60 99
II, 101 108
II, 103, 104. 110
II, 109-111 109
II, 152 113
II, 156 112
II, 157 104

PAGES

GAIUS :
II, 165, 166 114
II, 171-173 114
II, 224 108
III, 12 115
III, 51 111
III, 58 . . . . 45, 107
III, 84 42
III, 85 114
III, 90 84
III, 92-93 96
III, 114 38
III, 119 94
III, 120 117
III, 167 66
III, 173-175 91
III, 186 58
III, 189 81
III, 190 . . . . 67, 81
III, 192-193 58
III, 201 114
III, 223 81
IV, 11 . . . . 28, 82, 123
IV, 13 124
IV, 14 125
IV, 15 133
IV, 16 . . . . 55, 66, 126
IV, 17 . . . . 118, 126
IV, 21 128
IV, 22 130
IV, 25 92
IV, 26-29 130
IV, 29 . . . . 120, 130
IV, 37 93
IV, 82 122
IV, 89 127
IV, 103-105 137
IV, 112 . . . . 117, 118
IV, 113 118
Ep. Gai. 1, 6, 3 39
Gai. d'Autun, 42 114

PAUL :
4, 8, 21 115
5, 4, 6 81
5, 26, 4 119

ULPIEN :
1, 7-9 43
2, 1-6 44
10, 1 38
10, 3 41
11, 1 52
11, 3 52
11, 6 52
11, 14 . . . . 52, 107
12, 2 54
19, 1 . . . . 42, 62
19, 3 68
19, 3-6 63
19, 6 66
19, 7 68
19, 9-11 67
19, 10 131
19, 11-15 114

PAGES

ULPIEN :
22, 27-28 114
22, 31-32 114

FESTUS :
v° nefasti 131
v° ordo 123
v° parrici 79
v° praes. 94
v° procum. 131
v° tallonis 81

FRAGMENTS DU VATICAN :
50 65

COLLATIO MOSAÏC. ET ROMAN. LEGUM :
7, 3, 2-3 81
16, 2, 2 103
16, 4 109

SERVIUS :
in Aen. 6, 609 18

CORPUS IURIS CIVILIS :
Inst. II, 14§5 112
III, 13*pr* 74
III, 29pr 74
Dig. I, 1, 11 7
— I, 2, 2§6 123
— I, 2, 2§21 . . . . 45, 131
— I, 7, 17 § 3 106
— I, 16, 2*pr* 135
— II, 14, 7§14 81
— II, 14, 17§1 93
— III, 5, 38 (39) 74
— IV, 2, 13 119
— IX, 2, 4§1 . . . . 79, 81
— IX, 2, 5*pr* 81
— X, 2, 1*pr* 105, 117
— XIII, 1, 7*pr* 81, 93
— XVIII, 1, 1*pr* 64
— XIX, 5, 14§3 82
— XX, 1, 10 73
— XXIII, 1, 12*pr* 49
— XXIII, 2, 1 46
— XXVI, 1, 1*pr* 52
— XXVI, 7, 55§1 53
— XXVI, 10, 1§6 et 8 53
— XXVI, 10, 2 53
— XXXV, 1, 15 49
— XXXVII, 15 45
— XXXVIII, 1 45
— XXXVIII, 2 45
— XLI, 2, 1§1 57
— XLI, 3, 4§6 69
— XLIV, 7, 3*pr* 74, 88
— XLVI, 3, 52 77
— XLVI, 3, 53 74
— XLVI, 3, 80 91
— XLVII, 2, 3§2 57
— XLVII, 2, 46§5 93
— XLVII, 2, 62(61)§1 93
— XLVIII, 7, 7-8 119
— L, 16, 39§1 117

PAGES

CORPUS JURIS CIVILIS :
Dig. L, 16, 53*pr* 107
— L, 16, 120. 108
— L, 16, 195§2 . . . 31, 33
— L, 16, 195§3 . . . 31
— L, 16, 213§1 . . . 117
— L, 17, 123*pr* . . . 122
Cod. III, 36, 6 117
— VII, 31, 1§5 . . . 62

ISIDORE DE SÉVILLE :
orig. 5, 2, 2 7

PAGES

CODE CIVIL FRANÇAIS DU 21 MARS 1804
art. 536 75
— 2279 68

CODE CIVIL ALLEMAND DU 18 AOUT 1896
§§ 227-231 4

CODE FÉDÉRAL SUISSE DES OBLIGATIONS, DU 30 MARS 1911
art. 52 4

CODE CIVIL DE LA RUSSIE SOVIÉTIQUE, D'OCTOBRE 1922. 8 n. 1

Table alphabétique des matières

PAGES

Abandon noxal 37
Abus de confiance. 81
— des droits. 5, 51
Acceptilatio. 93
Actio aquae pluviae arcendae .61, 127
— auctoritatis . . . 66-67, 68 83
— concepti 58
— de arboribus succisis 28, 82, 123
— de pastu 82
— familiae erciscundae . 31, 105, 116-117, 118, 128
— furti 53, 58
— oblati 58
— rationibus distrahendis . 53
Actiones ex contractu 118
— ex maleficiis. 118
— in personam. 118, 126, 127, 132
— in rem . . . 118, 126-127, 131
Actus 70
— legitimi. 28-29
— rerum 133
Addictio . . . 40, 43, 67, 81, 128, 131
Aditio hereditatis 113-114
Adjudicataire 87
Adminiculum 96
Adoption . . . . 28, 39 ss., 99
Adsertor libertatis 43, 45-46
Adsidui. 20
Aelius (Sextus) 25, 26
Aerarium. 62
Aes alienum 117
— confessum 128, 129
— equestre 130
— hordearium 130
— militare. 130
— nexum 129
— rude 64-65, 88
— signatum 64-65
Affectio maritalis 50
Affranchissement . . . 18, 38, 39, 42, 43 ss. 50,112
voir aussi : Libertinus, Libertus
Ager publicus 62
Agnatio . . 31-32, 33, 34, 41, 48, 107
Agnatus proximus 25, 52, 53, 54, 105, 109-110, 111, 114-115, 116
Albe la longue. 11, 12
Alieni iuris 34, 49, 51, 103
Ambitus 61
Animaux 1
Anspruch. . . . . 73 n. 1
Antestatio 120
Anulus ferreus. 97
Applicatio 18
Aquae ductus 70
— haustus. 70
Arbitrage. 84 ss., 95, 121-122, 131, 136
Arbitraire des magistrats. 26, 121-122
Arbitrium liti aestimandae 127, 128, 129
Arrae 96- 98
— sponsaliciae. 49, 97
Arrogatio. . . 24, 39 ss., 101, 105, 106
Arsa (Terentilius) 24
Artisans 11
Auctoritas 66-67
voir aussi : Usus-auctoritas.
Auctoritas tutoris 112
Auto-cautionnement, *voir* : Cautionnement
Bas-Empire. 14
Bien public 3
Binder (Julius) 17
Bona. 19, 45, 117
Bornage 62, 128
Brinz. 77
Calendrier 28-29, 123, 131
Capitis deminutio . . . 38, 41 ss., 105
Carthaginois 19
Cautionnement . . . .85 n. 1, 86 ss., 92, 93-95, 124
Célius 16
Census 19, 43, 44
Centurie 19-20
Certa pecunia . . 85-86, 89, 90-91, 95, 120-121, 127, 129
Choix du juge. 133
χρέος 77
Cité primitive. 15, 16, 17
Claudius (Appius) censeur. .19, 20, 45
— — décemvir . . .21, 26, 45
Clients. 18-19, 35, 44, 60
Code civil russe 8
Code international des Obligations. . . . . .10 n. 1
Codes modernes 8, 9, 14
Codification du droit international 6
Coemptio. 46, 47, 48
— testamenti faciendi gratia 112
Collège des pontifes, *voir* : Pontifes.

PAGES

Collèges professionnels . . . 11
Colonies grecques . . . 11, 24, 136
Comices calates . . . 106, 112, 113
— centuriates . . . 19-20, 21, 24
— curiates . . . 16, 17, 21, 23
— tributes . . . 20, 21, 36
Commentarii pontificum . . . 28
Commerce international . . . 11
Commercium . . . 11, 12, 17, 36
Communicatio divini et humani iuris . . . 46
Comperendinatio . . . 133
Composition légale . . . 80, 81, 85, 93
— volontaire . . . 79-80, 81, 83, 93
Concilium plebis . . . 21
Conclamatio . . . 79, 84, 90, 120
Concubinat . . . 50
Condition . . . 43-44
Confarreatio . . . 47, 48
Confédération latine . . . 11
Confessus . . . 95, 96, 128-130
Confinium . . . 61
Confusio . . . 71
Consecratio . . . 78
Consensus nuptialis . . . 48-49
Consilium iudicis . . . 133
— propinquorum . . . 36
Consortium de famille . . . 104-105, 107
— omnis vitae . . . 46, 50
Constitution servienne . . . 19-20, 121
Consuls . . . 24, 131
Contrainte physique. 3 ss., 37, 73 n. 2, 74
Contrat d'entreprise . . . 87
— judiciaire . . . 131-132, 133
— obligatoire . . . 82 ss., 90-91
Contrectatio . . . 81
Controversia de hereditate . . . 118
Conubium . . . 12, 17-18, 27, 36, 44, 46-47, 48
Conventio in manum . . . 41, 47-48, 49
Copropriété . . . 42
— familiale . . . 59
Corona . . . 42
Corporations . . . 11
Corps inertes . . . 1
Corpus iuris civilis . . . 14
— omnis romani iuris . . . 25
Correi . . . 94
Coruncanius (Tiberius) . . . 17, 29
Coutume . . . 6, 12, 22 ss.
Crédit . . . 11, 72 ss., 85, 86, 115-116
Cretio . . . 114
Crimen suspecti tutoris . . . 53
Critique des sources . . . XII-XIV
Culte des ancêtres, *voir* : Sacra privata.
Cumes . . . 11
Cura furiosi prodigique . . . 53-54, 59
Curie . . . 16, 17, 33
Curio . . . 19
— maximus . . . 16
Custodela . . . 110
Dare actionem . . . 132, 133
Datio . . . 88
Datio in adoptionem, *voir* : Adoption
Debitum . . . 74-75, 77
Décemvirs . . . 24, 26, 45
Décret pontifical . . . 106, 107, 111
Decretum divi Marci . . . 119
Défense sociale . . . 78
Délation d'hérédité . . . 113
Délit . . . 7, 37, 43, 77 ss., 82 ss., 96-97
— privé . . . 79
— public . . . 78-79, 122
Demande en justice . . . 120
Denarius . . . 13
Dénationalisation du droit . . . 12
Denegare actionem . . . 132, 133
Depensum . . . 92
δεσμός . . . 77
Déterminisme . . . 1
Devoir . . . 74 ss., 89, 90, 91, 96
— de reconnaissance . . . 83
Dévolution . . . 114-115
Devotiones . . . 78
Dies fasti . . . 28-29, 131
Diffarreatio . . . 50
Dii manes . . . 101
Disputatio fori . . . 133
Divorce . . . 50-51
Do, dico, addico . . . 131, 135
Domaine privé de l'État . . . 62
Dominica potestas . . . 5, 32, 42 ss., 72
Dominium . . . 32, 55, 72
voir aussi : Propriété
Domum deductio . . . 49
Donation . . . 66, 83-84
Dot . . . 19, 49, 66
Droit assyrien . . . 77
— babylonien . . . 77, 85 n. 1
— byzantin . . . 14
— classique . . . 12 ss.
— comparé . . . 76-77
— de suite . . . 59, 66, 67
— doctrinal . . . 12
— du bassin de la Méditerranée . . . 9 n. 1
— germanique . . . 77
— grec . . . 77, 97
— international . . . 5 ss.
— objectif . . . 7 ss.
— populaire . . . 12
— public . . . 34, 44
— universel . . . 12
Droits subjectifs . . . 7 ss., 55, 56, 72, 73, 103, 120, 135
Duguit . . . 8
Durkheim . . . 32
Echange . . . 64
Ecole relativiste . . . 1
Economie monétaire . . . 13, 65
— naturelle . . . 11, 64
Edit . . . 23
Egalité . . . 7
— civile des deux ordres . . . 17-18
— politique des deux ordres . . . 17
Egout . . . 70-71

PAGES

Emancipation 28, 38-39, 41, 52, 99
Emptor familiae 110
Endoploratio 79, 84, 90
Engagement . . . . 75 ss.
— contractuel, 84 ss., 89, 91-99
115-118
voir aussi : Contrat obligatoire.
Engagement délictuel. 37, 93, 115-118
voir aussi : Délit.
Enrichissement injuste 83-84
Enseignement du droit 29
Entreprise de travaux 87
Equilibre social . . 1, 7 ss., 78, 82, 83
Esclaves . . . . 5, 42, ss. 55, 60
Escroquerie 81
Esquilin 16
Etrusques. 11, 16
Eviction 66-67, 83
Exécuteur testamentaire . . . 110
Exhérédation 45, 107, 108, 111
Familia. 31,54, 62, 107, 108, 109 ss., 117
— iure communi 33, 34
— iure proprio 33, 34
— pecuniaque. . . 31, 55, 62, 104
110-111
Fas 7, 23, 123
Fatum . . . . 7 ss., 78, 82
Femme (droit successoral) . . 111-112
— (tutelle). . . . . 51 ss.
Festuca 43, 126
Fiançailles, *voir* : Sponsalia.
Fideiussor 117
Fidepromissio 116
Fiducia. 88, 89
Flaccus (Granius) 23
Flamen dialis 38, 47
Flavius (Cnaeus). 26, 29, 131
Foedus cassianum 12
Foires 94
Force exécutoire. 90
— publique . . . . 3 ss.
Formula 136
Fratres consortes, *voir* : Consortium de famille.
Furiosus 53
Furtum 53, 57 ss., 77, 79, 81-82, 83, 85
Gage. 75, 80, 96-99, 130
Gens. . . . . 15 ss., 24, 33, 34
52, 53, 54, 59-60, 104, 109-110
Grammairiens. 24-25
Gravitation 1
Grecs. 11, 24, 97
Guerre privée 6, 82
* *voir aussi* : Justice privée.
Haftung 77
Hasta 42
Hereditas iacens 113-114
Heredium. . . . 59-60, 113, 115, 116
Héritiers nécessaires . . 104, 112-113
— siens . . . . . 25, 102, 103 ss.,
109, 111, 112
— volontaires 113
Herniques 19
Herus 103

PAGES

Histoire du droit. . . . . 8 ss.
Hospitalité 11
Imaginaria venditio 65, 66
Immeubles . . . . 59 ss., 70-71
Immobilité du droit 9
Impératifs . . . . 2 ss.
— idéaux 3
— juridiques. 3, 5
— moraux. 3, 5
— positifs. . . . . 3 ss.
Imperium. . . . . 23, 134 ss.
Incapacité d'agir. . . . . . . 51 ss.
— patrimoniale 36-37, 43, 51, 53
Infirmitas sexus 52
Ingenuus 44, 46, 112
In iure cessio 40, 52, 67, 68
71, 98, 114-115, 135
Iniura 80-81
In ius vocatio . . . 120, 124, 128, 132
Injustice . . . . 7 ss., 78, 82, 83
Instinct 1
Institution d'héritier.106, 108-109, 110
Intercessio 21, 134
Interdictio aquae et ignis . . . 41
Interpolations. XIII
Interpretatio des pontifes 27 ss.,
38, 39, 52, 54, 110
Interprétation jurisprudentielle 23
Iter 79
Iudicatus 92, 96, 128-130
Iudicis arbitrive postulatio... 118,
127-128, 130
Iudicium . . 121-122, 129, 131, 132 ss.
— imperio continens . . . 137
— legitimum. 137
Iurisdictio . . . . 134 ss.
Ius (opposé à Fas) 7, 123
— (opposé à Iudicium) 121-122
129, 131
Ius Aelianum 26
— civile Flavianum. 29
— honorum 17, 44
— Quiritium. 10
— quod ad res pertinet . . 56
Iustum matrimonium . . 18, 34-35
48 ss., 52
Ius vitae ac necis 35, 36
Jugement par défaut. 133
Juridiction contentieuse . . . 135
— gracieuse 67, 135
Justice privée . . 37, 57-59, 78, 79 ss.
90-91, 115, 119 ss., 135
— publique 120, 121, 134
Justinien 14
κόσμος 1
Lambert (Edouard) 8, 26
Latins 10, 11, 12, 16, 17, 19
Legis actio . . . . 26, 28, 29, 122 ss.,
135, 136, 137
— — per iudicis arbitrive postulationem, *voir* : Iudicis arbitrive postulatio.

PAGES

Legis actio per manus iniectionem, *voir* : Manus iniectio.
— per pignoris capionem, *voir* : Pignoris capio.
— sacramento, *voir* : Sacramentum.
Légitime défense . . . 4, 57 n. 2, 119
Legs 107-108, 111
Lehrbücher des Pandektenrechts XI
Levitas animi 52
Lévy-Bruhl (Henri) 43
Lex Atinia 69
— Canuleia 18, 27, 46, 48
— de imperio 23
— duodecim tabularum 24 ss., 123
— Hortensia. 21
— Iulia de vi 119
— Ogulnia. 28
— Pinaria. 133
— Poetelia Papiria . . 95-96, 129
— Publilia. 130
— Valeria. 23, 122
Liberté des contrats 119
Libertinus 44-45, 46
Libertus 44, 52
Libripens. . . . . 63 ss., 88
Litis contestatio 132, 133
Loi écrite. . . . . 22 ss., 123
— physique 1-2
— sociale . . . . 1 ss.
Lois royales. 23-24, 35
Luceres. 15-16
Lustratio 35
Maîtrise du créancier. 72-74
voir aussi : Engagement.
— effective . . . 56, 57 ss., 63, 66
67, 68, 72, 86, 88, 103
Mancipatio. 25, 28, 38-39, 40, 41, 47, 50,
62 ss., 67, 68, 69, 71
72, 83, 88, 89, 98, 110
Mancipi causa . . 38-39, 40-41, 50, 112
Manlius 88
Manumissio, *voir* : Affranchissement.
Manus . . . . 32, 34 ss., 41,
47-48, 49-51, 52, 55, 72
Manus iniectio 90, 91, 92, 95, 96,
120-121, 127, 128 ss.
— — depensi 92, 130
Marchés, *voir* : Nundinae
Mariage, *voir* : Iustum matrimonium
Matière inerte. 1
Matriarcat 32
Membrum ruptum 81
Méthode synchronique. XIII-XIV, 10
Meubles 57, 59, 60
Meurtre 79
Monnaie d'argent 13
— de cuivre 64-65
— locale 13
Montesquieu 1
Morale 3

PAGES

Mort civile, *voir* : Capitis deminutio
Mucius (Quintus). 88, 89
— — Scaevola. . . 111
Mur de Servius Tullius. 11
Nemesis 78
Nexum. . . 25, 87 ss., 95-96, 121, 129
Nomen gentilicium. 15, 34
νόμος τῶν ἀρραβώνων 97
Non usage 71
Noxae deditio, *voir* : Abandon noxal
Nuncupatio. . 25, 65-66, 80, 90, 110
Nundinae. 10, 128
Obligation . . . . 56, 72 ss.
Obsequium 19, 45
Obses, *voir* : Otage.
Operae. 19, 45
— fabriles, officiales . . . 45 n. 1
Oportere. . . . . 73 n. 2
Oppignération . . . . 75 n. 1, 85
Ordre 1, 2
— public 4, 119, 120
Ordres, *voir* : Patriciens, Plébeiens
Orient chrétien 14
Os fractum 80-81
Ostie. 11, 12
Otage. . . . . . . 73, 75, 85 ss., 124
Pacare 76
Pactum. 93
Pais (Ettore) 26
Paix publique. 120
Palatin. 10, 16
Papirius (Gaius) 23
Parricidium. 79
Partage (succession) 104-105
Patria potestas . . . 32, 34 ss., 52, 53
55, 72, 103-104, 106-107
Patriciens. . . . 16 ss., 21, 24, 46, 48
Patrimoine . . . . 55 ss.
Patronat . . 18-19, 39, 44-45, 52, 107
Patrum auctoritas 17, 21, 34
Peculium 36, 39, 43
Pecunia 31, 53-54, 64, 65
107-108, 110-111
voir aussi : Certa pecunia
Perpétuité de l'hérédité 112
Perquisitions 58
Personne civile 62
Phéniciens 11
Pignoris capio 120, 130-131
Plainte. 120
Plébéiens . . . . 16 ss., 21, 24, 46, 48
Plébiscite. 21
— canuléien, ogulnien, *voir* : Lex Canuleia, Ogulnia.
Pomerium 134, 135, 136
Pontifes . . . 17, 27 ss., 39-40, 105, 106
108-109, 123, 125, 131
voir aussi : Interpretatio.
Pontifex maximus. 29, 47, 106, 112, 123
Portalis. IX
Possession, *voir* : Maîtrise effective

PAGES

Potestas 134
Potlatch . . . . 83 n. 1
Pouvoirs publics. . . 4, 62, 84 ss., 119, 120, 130, 134 ss.
Praedes. . 86, 87, 89, 90, 91, 94, 95, 124
— litis et vindiciarum. . . 127
— sacramenti 125
Praedium dominans 71
— rusticum 70
— serviens 71
— urbanum 70-71
Praefectus urbi 131
Praetor 131
Precarium 18-19, 60
Prêt d'argent 88-89
Prétentions . . . 55-56, 59, 63, 72-74
voir aussi : Devoir.
Prisonniers de guerre 42
voir aussi : Rachat des captifs
Problème de l'authenticité des XII Tables 26-27
Procédure judiciaire . . . 84 ss., 119 ss. 130-131
Proletarii. 20
Propriété . . 42, 56, 57 ss., 72, 77, 119
voir aussi : Dominium.
— foncière. . . . . . 59 ss., 70-71
Provocatio ad populum 23, 24, 122, 135
Puberté 48, 51
Publicains 130
Pythagoriciens 1
Quaestio licio et lance, *voir* : Perquisitions.
Questeur 42
Quirinal 17
Quis custodiet custodem?. . . . 134
Rachat des captifs. 19
Ramnes 15-16
Rançon. . . 76, 80, 85-86, 90-91, 125
Rapt. 46, 47
Re contrahitur obligatio 84
Recuperatores. 136
Réformes monétaires. . . . 13, 64-65
Règle des arrhes 97-98
Relativisme, *voir* École relativiste.
Religion 2, 3, 6-7, 50-51
voir aussi : Sacra privata.
Remancipatio 50
Réprobation générale. 3
Répudiation. 50-51
Res communes 61-62
— furtivae 69
— mancipi . . . . 31, 54, 55, 62 ss., 67-69, 71, 107
— nec mancipi . . . . . 31, 54, 55 62 ss., 67-69, 71, 107
— nullius 42, 61-62
— obligatae 73, 75, 96-99
— publicae 61-62
— religiosae 43, 62
— sacrae 62
— sanctae 62
Responsa 123

PAGES

Rex sacrorum. 47
Rogatio 21, 40, 112
Roma communis patria. 136
— quadrata 10-11
Sabins 16, 17
Sac de Rome 12, 24, 71
Sacra privata 35, 39, 42, 46, 48, 49, 101 104, 105, 106, 110-111, 114, 116
Sacramentum . . . 25, 95, 124 ss., 130
Sacratio 18, 125
Sacrorum detestatio 40, 105
Sanction 3
Satisfactio 72, 73, 74, 75, 76, 77, 91-93
Schuld 77
Secondes noces 50
Sénat 17, 20-21, 24, 45
Septimontium. 11
Sépulture, *voir* : Res religiosae.
Servitude. 56, 70-71
Servus communis 42, 66
Sinaïski. 16
Société des Nations 6
Solutio 76, 77
— per aes et libram. . 91-93, 130
Sponsalia. 49, 97
Sponsio . 49, 92, 93 ss., 116, 117, 130
Statuliber. 44
Stipulatio 96
Subreptio. 69, 81-82
Succession 101-103
— aux biens . . . 106 ss., 113 ss. 116 n. 1, 117-118
Sui heredes, *voir* : Héritiers siens.
Sui iuris 34, 49-50, 51-54
Summa sacramenti. 125-126
— vadimonii. . . 86, 89, 125, 129
Sûreté personnelle 87
— réelle. 98-99
Talion 7, 78, 79, 80, 81, 83, 90
Tempus lugendi 50
— utile 114
Testament . . . 24, 25, 28, 43, 44, 52
— comitial 105-106, 107 108, 109, 111, 112
— militaire 108-109
— per aes et libram . 110, 112, 116
Tities 15-16
Totem 32, 102
Traditio . . . . 67 ss.
Traité d'hospitalité. . . . 11, 19, 136
Transaction. 93, 119, 129
Transgression des lois 1-2
Transmission des obligations 115-118
Tribun de la plèbe . . . 21, 24, 36, 133
Tribus génétiques 15
— locales 12, 19
Triumvirs. 24
Tutela impuberum. . . . . . . 51 ss.
— legitima 52, 53, 69
— mulierum. . . . . . . 51 ss., 69
— testamentaria 52, 53
Ultima ratio. 3
Unification du droit privé. . . 9-10

PAGES

Usucapio, *voir* : Usus-auctoritas.
Usucapio pro herede. 105, 111, 114, 116
Usureceptio fiduciae 98
Usurpatio trinoctii. 47, 48
Usus-auctoritas 68-69
Usus hodiernus pandectarum . XI
Usus (mariage) 47, 48
— (servitudes) 71
Vacances judiciaires 133
Vadimonium 86, 87, 89, 90, 121, 125, 129
voir aussi : Summa vadimonii
Vas 86, 87, 89, 90, 91, 94-95, 124, 125, 132
Vengeance privée, *voir* : Justice privée.
Vente 64, 66, 97

PAGES

Vernae 43
Vinculum. 74, 75, 76, 86, 93, 97
Vindex. 86, 87, 89, 90, 91, 94-95, 124-125, 128, 132, 133
Vindicatio . 36, 40, 43, 45-46, 52, 54, 63, 66, 67, 71, 128
— generalis 118
Vindiciae 45, 126, 127, 131
Vindicta 43, 44, 126
Violences, *voir* : Voies de fait.
Virginie 45
Virgo vestalis 38, 51
Voies de fait. . . . . . . 3 ss., 73, 119
voir aussi : Contrainte physique.
Vox populi 22
Wadium 96
Westrap 97

Table analytique des matières

PAGES

Explication des abréviations. VII

Préface IX

INTRODUCTION

Origine de la réglementation sociale, 1. — Religion, morale, droit, 2. — Harmonie de la morale et du droit, 5. — Le droit international, 5. — Les droits subjectifs et le droit objectif, 7. — Intérêt de l'histoire du droit, 8. — Place du droit romain dans l'évolution juridique, 9. — Les périodes de l'histoire du droit romain, 10. — Droit national, 10. — Droit classique, 12. — Droit byzantin, 14. 1-14

LIVRE PREMIER

L'ORGANISATION POLITIQUE ET LES SOURCES DU DROIT

CHAPITRE PREMIER.

L'Organisation politique.

Gentes, curies, tribus, 15. — Les ordres : patriciens et plébéiens, 16. — La clientèle, 18. — Les étrangers, 19. — Constitution de Servius Tullius, 19. — Comices centuriates, 20. — Comices tributes, 20. — Sénat, 20. — *Concilium plebis*, 21 15-21

CHAPITRE II.

Les Sources du Droit.

La coutume et la loi, 22. — *Leges regiae*, 23. — Les XII Tables, 24. — L'*interpretatio* des pontifes, 27. 22-29

LIVRE II

LA FAMILLE

Généralités.

Organisation patriarcale de la famille, 31. — Les diverses puissances domestiques, 32. — Les divers groupes familiaux : *domestici, agnati, gentiles*, 33. 31-34

PAGES

CHAPITRE PREMIER.

Manus et Patria Potestas.

Établissement de la puissance domestique, 34. — Effet de la puissance au regard des *familiares*, 35. — Effet de la puissance au regard des tiers, 36. — Cessation de la puissance, 38. — *Arrogatio* et *datio in adoptionem*, 39. — *Capitis deminutio*, 41 34-42

CHAPITRE II.

Dominica Potestas.

Causes de l'esclavage, 42. — Condition des esclaves, 42. — Affranchissement, 43. — Procès relatifs à la liberté, 45 . . 42-46

CHAPITRE III.

Le Mariage.

Définition du mariage, 46. — *Conubium*, 46. — *Usus*, 47. — *Coemptio*, 47. — *Confarreatio*, 47. — Mariage *sine manu*, 47. — *Consensus nuptialis*, 48. — Conséquences patrimoniales du mariage, 50 46-51

CHAPITRE IV.

Tutelle et Curatelle.

Incapacité de droit et incapacité de fait, 51. — Personnes sous tutelle, 51. — Désignation du tuteur, 52. — Droits et devoirs du tuteur, 52. — Fonction du tuteur, 53. — Curatelle du fou et du prodigue, 53 51-54

LIVRE III

LE PATRIMOINE

Généralités. — Divisions.

Notion du patrimoine, 55. — Définition des droits patrimoniaux, 56. — Les divers droits patrimoniaux, 56. 55-56

CHAPITRE PREMIER.

La Propriété.

Formation de la notion de propriété, 57. — Propriété individuelle et propriété collective, 59. — Évolution de la propriété, 59. — *Res extra commercium*, 61. — *Res mancipi, res nec mancipi*, 62. — *Mancipatio*, 63. — *Actio auctoritatis*, 66. — *In iure cessio*, 67. — *Traditio*, 67. — *Usus-auctoritas*, 68 57-69

CHAPITRE II.

Les Servitudes.

Notion de la servitude, 70. — Servitudes rustiques, 70. — Point d'irruption de la servitude, 71. — Acquisition des servitudes, 71. — Sanction de la servitude, 71. — Extinction de la servitude, 71 70-71

PAGES

Chapitre III.

L'Obligation.

Différence entre l'obligation et la propriété, 72. — Notion de l'obligation, 72. — Les éléments de l'obligation : devoir et engagement, 74. — Rapport entre le devoir et l'engagement 76. — Analyse de l'obligation en droit comparé, 76. — L'acte illicite ou délit, 77. — Délits publics et délits privés, 78. — Formation de l'obligation sous le régime des compositions, 79. — Les délits privés des XII Tables, 80. — Antériorité de l'obligation délictuelle à l'obligation contractuelle, 82. — Les premiers engagements contractuels dans la procédure de justice privée, 84. — Contrat obligatoire sous forme d'autocautionnement, 86. — *Nexum*, 87. — Voies d'exécution des plus anciens contrats obligatoires, 90. — Libération de l'obligé, 91. — *Sponsio* et *stipulatio*, 93. — *Obligatio rei* : dation d'arrhes et convention de fiducie, 96 72-99

LIVRE IV

LA SUCCESSION A CAUSE DE MORT

Formation de la notion « succession », 101. — *Sui heredes*, 103. — Le plus ancien testament, 105. — De la succession dans la personne à la succession dans les biens, 106. — *Testamentum in procinctu*, 108. — Succession de l'*agnatus proximus* et des *gentiles*, 109. — *Testamentum per aes et libram*, 110. — Les *sacra privata* dans la succession aux biens, 110. — La femme dans le droit d'hérédité, 111. — Héritiers nécessaires, 112. — Héritiers volontaires, 113. — *Hereditas iacens et usucapio pro herede*, 113. — Institution *cum cretione*, 114. — *In iure cessio hereditatis*, 114. — Actions de l'héritier et transmissibilité des obligations, 115. 101-118

LIVRE V

LA PROCÉDURE CIVILE

En marge de toute justice organisée, 119. — La justice privée, contrôlée, 119. — *Ius et iudicium*, 121. — *Legis actiones*, 122. — *Legis actio sacramento*, 124. — *Legis actio per iudicis postulationem*, 127. — *Legis actio per manus iniectionem*, 128. — *Pignoris capio*, 130. — Les magistrats et leur fonction *in iure*, 131. — Instance *in iudicio*, 132. — *Imperium et iurisdictio*, 134 119-137

Table alphabétique des Maximes ou Brocards 139
Table chronologique des Sources 141
Table alphabétique des Matières 145
Table analytique des matières 151